疫病と投資

歴史から読み解く
パンデミックと経済の未来

中原圭介
Keisuke Nakahara

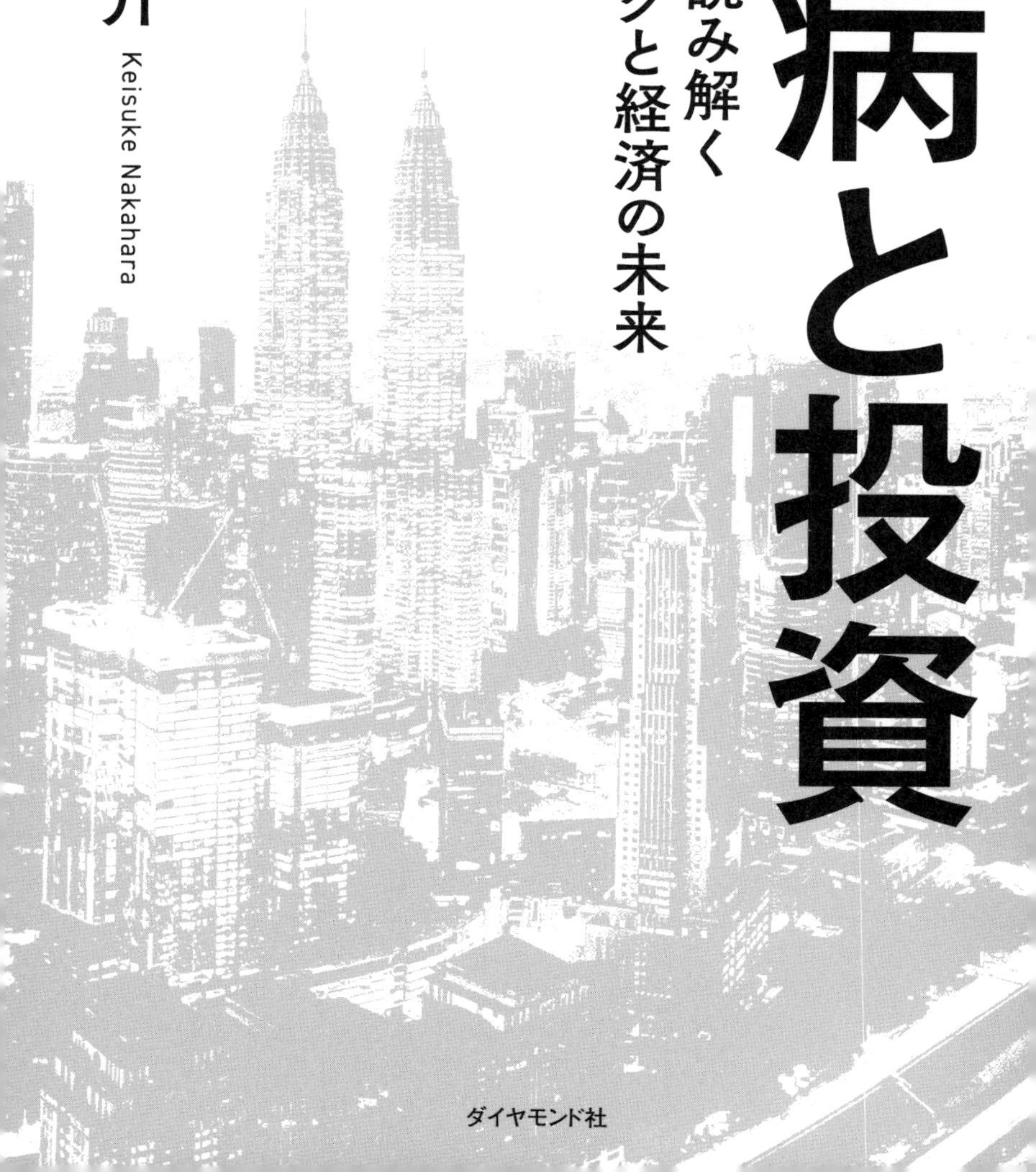

ダイヤモンド社

疫病と投資

はじめに

私の現在の職業は経済アナリストですが、学生時代は歴史学を専攻しました。なぜ？　と思われる方もいるかも知れませんが、歴史は実に多くのことを教えてくれます。たいがいの出来事はすでに歴史のなかで起こっていて、その結論はもう出ているのです。

２０２０年、世界は新型コロナウイルスの影響でガラリと様子が変わってしまいました。世界の国々が空港を閉鎖し、都市はロックダウンされ、人々は家に籠《こ》もりました。こんなことになるとは、ほとんどの人が予想していなかったでしょう。東京オリンピック・パラリンピックが延期になるなんて、一体誰が想像したでしょうか。

しかし、人類の歴史を振り返ってみると、感染症によるパンデミックはこれまで何度も起こっています。そのたびに多くの人命が失われ、社会は絶望に包まれましたが、人類はそれを克服し、社会は蘇ってきたのです。

感染症を過剰に恐れる必要はありません。しかし、社会が変化することを恐れてもいけません。パンデミックが起こると、必ず社会は変化しています。それは歴史が証明しています。変化することによって人類は生き延びてきたのです。

「早く元に戻らないかなあ」と願っている人にとっては厳しい言い方になるかも知れませんが、もう完全に社会が元通りになることはありません。いや応なしに社会は変化していきます。

我々が出来ることは、ひたすら我慢して待つことではなく、変化して前に進むことです。未来の教科書に「２０２０年は変化の起点となる年だった」ときっと書かれることになるでしょう。

本書の第1章~第2章では、パンデミックによってどのように社会が変化してきたのかを書きました。第3章~第6章では、今後、社会がどのように変わっていくかを大胆に予測しています。私の読者には投資家の方も多いので、最終章には今後の投資戦略も書きました。

本書によって、未来に希望を持つ方が1人でも増えてくれれば幸いです。
変化を恐れず、前に進みましょう。

中原圭介

目次

第2章 第一次世界大戦の戦況を左右したスペイン風邪――37

第3章 短期化する新型ウイルスの流行

第4章 感染症と共存していく社会へ

第5章 格差の拡大をデジタル化が是正する　129

最終章
新型コロナ後の投資戦略

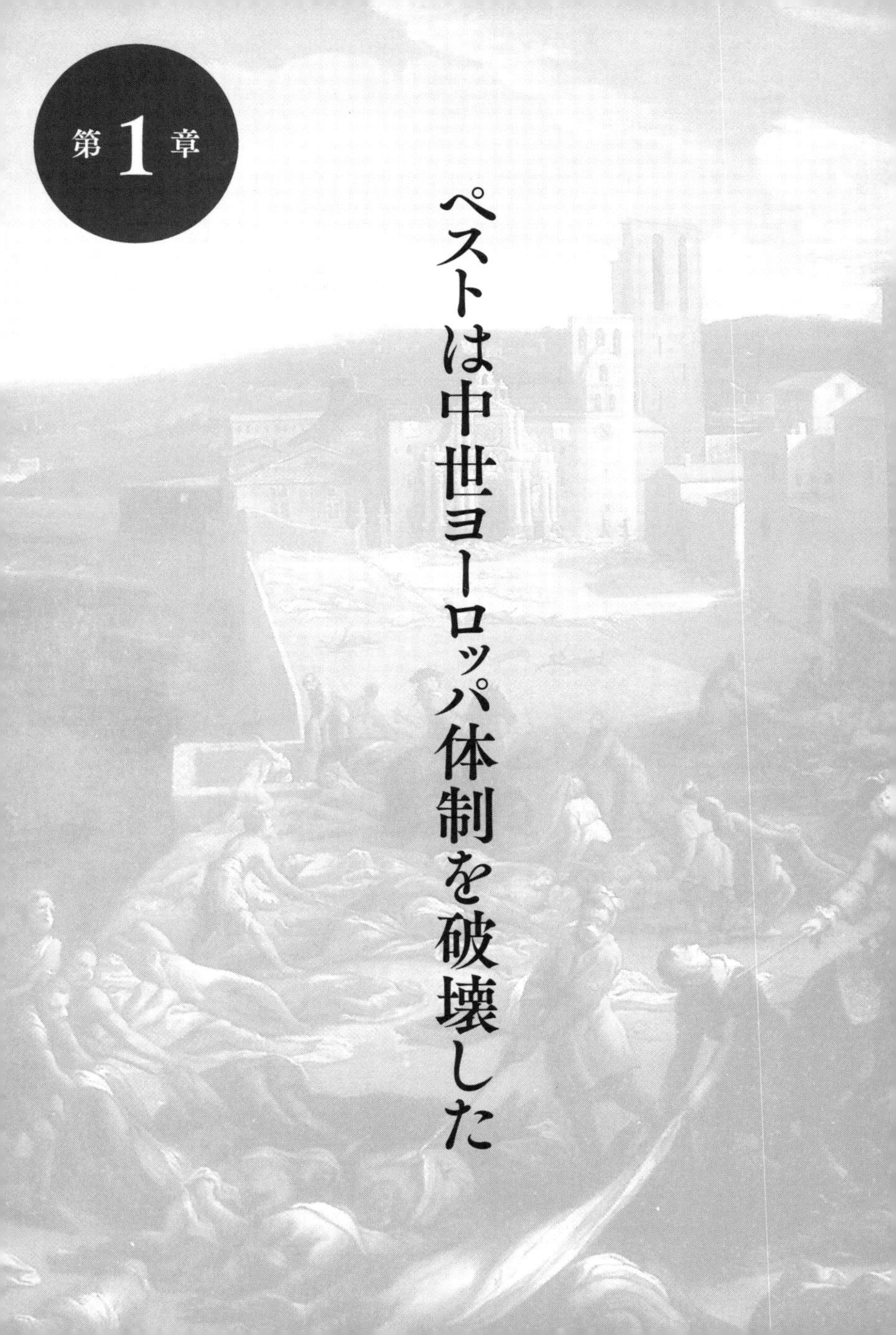

第1章

ペストは中世ヨーロッパ体制を破壊した

人類が根絶できた感染症は天然痘だけ

2020年に入ってから世界的に広がった新型コロナウイルス（COVID‐19）は、1918年に猛威を振るったスペイン風邪以来のパンデミックと言われています。

新型コロナウイルス以前にも、2002〜2003年に流行したSARS（サーズ：重症急性呼吸器症候群）や2009年の新型インフルエンザ、2012年に広がったMERS（マーズ：中東呼吸器症候群）といった感染症がありましたが、いずれも世界的なパンデミックにはならず、幸運なことに感染拡大は一部地域で抑え込むことが出来ました。

SARSはアジアとカナダが感染拡大の中心であり、日本ではSARSを疑われた事例はいくつかあったものの、厚生労働省によれば日本におけるSARSの症例はゼロということになっています。MERSはアラビア半島とヨーロッパが主な感染地で、日本での発生はありません。

新型インフルエンザは214の国と地域で感染が確認され、その意味では世界的に広がった感染症とも言えるのですが、新型インフルエンザが主因で亡くなった人の数は世界で１万８０９７人です（２０２０年10月時点）。これに対し新型コロナウイルスによる死亡者数は、すでに１００万人を超えており、感染地も全世界に広がっています。

この時点でまだ効果的な治療薬も開発されていないので、世界的に死亡者数はまだまだ増えそうです。こうした被害の大きさから、新型コロナウイルスはスペイン風邪以来のパンデミックと言われているのです。

世界史をひもといていくと、人類の歴史はパンデミックと共にあったことが分かります。

古いところでは天然痘が挙げられます。エジプトのミイラに天然痘の痕跡が見られたと言われているくらいですから、紀元前にはすでに存在していた感染症です。疱瘡《ほうそう》、痘瘡《とうそう》とも呼ばれ、６世紀には日本で広がり、その後も周期的に流行したそうです。16世紀にはコロンブス（コロン）の新大陸発見によって進んだ「コロンブス交換」によって、アメリカ大陸で天然痘が大流行し、先住民族の大半が亡くなったと言われています。

しかし1798年にエドワード・ジェンナーが人類初のワクチンを発表し、予防接種が徐々に世界に広がっていくと、先進国から天然痘は消えていきました。天然痘は人類が根絶できた唯一の感染症で、1980年にWHO（世界保健機関）が世界根絶宣言を出しました。

つまり、それ以外の感染症は今も根絶できていないことになります。これから説明するペスト（黒死病）は、過去3回のパンデミックがありました。それぞれ西暦540年から750年、1331年から1855年、1855年から1960年というように、最も直近でも60年前の出来事なので歴史上の疫病というイメージを持ってしまいますが、実は21世紀の現代社会でもペストに罹患する人はいます。

もしペストに罹《かか》り、適切な処置が行われなければ、今でも30％以上の患者が死亡する恐ろしい感染症であることに変わりはありません。

国立感染症研究所によると、21世紀以降は主にアフリカ、南北アメリカ、アジアでペスト患者が報告されています。またWHOによると2004年から2015年までの12年間で、全世界で5万6734人の患者が発生したそうです。このうち、死亡者数が4651人で、死亡率は8・2%です。

それでも中世ヨーロッパのように、多数の死者を出さずに済んでいるのは、ペストの治療薬としてフルオロキノロン系、アミノグリコシド系、テトラサイクリン系の抗生物質を投薬することによって治るケースが増えたからです。

どのような疫病もそれを根絶するのは極めて難しいということを、私たちは理解しなければなりません。COVID-19に関連する一連の報道では、「コロナがなくなるといいんですけれどもね〜」などと言っている人を見かけますが、恐らく完全にはなくならないでしょう。

あのペストでさえ今も存在しているのですから。人との接触を限りなく減らせば根絶できるなどと思っている人は、かなりおめでたい人だと思います。根絶できないからこそ「ウィズ・コロナ」なのです。

短期化するパンデミックのサイクル

改めて振り返ってみると、この20年、感染症のパンデミックはサイクルが徐々に短くなっているように思えます。２００２年から２００３年にＳＡＲＳ、２００９年に新型インフルエンザ、２０１２年にＭＥＲＳ、そして２０１９年からＣＯＶＩＤ‐19ですから、ほぼ5年に１度くらいのペースで、何らかのパンデミックが生じていることになります。

なぜ、このようにパンデミックの周期が短期化しているのでしょうか。あくまでも推測に過ぎませんが、恐らくその背景にあるのは経済のグローバル化です。この20年、経済のグローバル化は一気に進みました。

今回のＣＯＶＩＤ‐19のパンデミックを受けて、経済のことを何も知らない人たちからは「グローバル化がいけない」みたいな意見も出ていますが、だからといって、今さら世界中の国々が経済活動を自国内で完結させることなど絶対に不可能です。

グローバル化はいや応なしに進んでいきますから、国境を越えて人と人の交流がなくなることはありません。そうである以上、疫病が国内に持ち込まれるリスクは常にあると考えるべきでしょう。

もっと言うと、地球温暖化をはじめとする環境の変化も、疫病のパンデミックに一役買うリスクが高まっています。

２０１６年８月15日のＡＦＰ電による、ロシアの北極圏にあるヤマロ・ネネツ自治管区において炭疽《たんそ》の集団発生があり、住民の少年１名が死亡、70人以上が入院、感染拡大を防ぐためにレスキュー隊や兵士が大勢動員されたというニュースがありました。

原因は地球温暖化の影響でロシア北極圏の永久凍土が融解し、炭疽菌に汚染されたトナカイの死骸が露出したことで他の動物に感染したと考えられています。地球温暖化がさらに進めば、永久凍土の奥底で眠っている未知のウイルスが拡散し、新たなパンデミックへと発展する恐れもあります。

ＣＯＶＩＤ‐19のパンデミックが起こるまで、特に日本に住む人の多くがパンデミックを意識することなく日常生活を送ってきました。しかしこれからは、疫病のパンデミックを、比較的短い時間軸のなかで意識せざるを得ない環境で生活していかなければならなくなるでしょう。

だからこそ私たちは、もっと謙虚に歴史に学ぶ姿勢を持つべきだと思います。

ペストやスペイン風邪といった代表的なパンデミックがなぜ起こったのか、パンデミック後の世界がどうなったのかを把握することは、パンデミックが一段と短期化するかも知れない、これからの時代を生きていく者にとって最低限必要な知識と言っても良いのかも知れません。

ペストを拡散したグローバリゼーション

前述したように、ペストは過去3回のパンデミックを引き起こしました。

1回目は540年から750年にかけてのパンデミックで、まず東ローマ帝国の首都であるコンスタンチノープルで大流行しました。流行の最盛期には1日で最大1万人が亡くなったと言われており、コンスタンチノープルの人口が約半分にまで減り、首都機能が麻痺状態に陥ったそうです。この流行は簡単には収まらず、西ローマ帝国

ペストによって死屍累々となった街を描いたヨーロッパの絵画

やブリテン島、フランク王国（フランス）、中近東、アジアにまで広がりました。

２回目は１３３１年から１８５５年にかけて広がったもので、特に１３４６年から１３５０年にかけてヨーロッパ中で猛威を振るい、感染すると皮膚に黒い斑点や腫瘍が出来るため、「黒死病」と呼ばれました。この時のパンデミックは、１３３０年あたりに中国で大流行したものがイスラム世界へと広がり、そこからヨーロッパの大流行につながったようです。

ペストがヨーロッパにもたらされた理由のひとつとして挙げられるのが当時、活発に行われていた東西交易でした。ベネチアやジェノバ、ピサをはじめとする北イタリアの諸都市の商人が、南ドイツの銀、毛織物、スラヴ人奴隷の対価として、アジアから香辛料や絹織物、宝石などを輸入し、利益を上げていたのです。

ヨーロッパにペストが持ち込まれた発端は、コンスタンチノープルから出航した船団だったそうです。この船団がシチリア島の港町に到着し、ヨーロッパに持ち込まれた毛皮についていたノミが媒介して、ペスト菌が広がったと言われています。そして船の積み荷とともに、海路にそってペストが拡散していきました。

活発に行われた東西交易は、今で言うグローバリゼーションそのものです。人や物の移動が活発に行われ、商業や貨幣経済がどんどん発展していきました。遠隔地間で行われる遠隔地貿易も盛んになり、東西交易のヨーロッパの窓口となったベネチアやジェノバ、ピサなどの港町だけでなく、リューベックやブレーメン、ハンブルクといった北ドイツ、ブリュージュやガンなどのフランドル地方、アウグスブルグやニュールンベルグなどの南ドイツ、さらにはフランスのシャンパーニュ地方やリヨンなどが商業圏として大きくなっていったのです。

しかし、こうした商業圏の拡大は同時にウイルスの拡散も引き起こしました。

この、ヨーロッパで猛威を振るった時の被害が甚大で、当時のヨーロッパ人口の3分の1から3分の2にあたる2000万人から3000万人が亡くなったと言われています。正確な統計がないので、非常にざっくりした数字ではあるのですが、これだけの人があっという間に亡くなったのですから、経済に及ぼす影響も甚大だったに違いありません。

3分の1から3分の2の人口が消えれば、働き手がいなくなります。当時はGDP（国内総生産）の概念はありませんでしたが、生産量ベースで見ると、この人口減少によって、ヨーロッパ経済がペスト前の水準まで回復するまでには、実に1世紀を超える時間を必要としました。

3回目のパンデミックは中国から起こりました。1855年に雲南省で大流行した後、香港でも大流行し、20世紀の初頭にかけて中国の沿海部や台湾、日本、ハワイ諸島、アメリカ大陸、東南アジアなどへと広がっていきました。

3回目のパンデミックでは、特にインドが非常に大きな被害を受け、第二次世界大戦が勃発した1941年までの死亡者数は1200万人にも達したと言われています。

ペストは日本にも上陸しました。国立感染症研究所の資料によると、日本で初めてペスト患者が見つかったのは1899年のことで、1926年までの27年間で患者数は2905人となり、そのうち2420人が亡くなったそうです。なお1927年以降、日本国内でペスト菌に感染したという報告はありません。

原因が分からずデマが乱れ飛ぶ

ペスト菌の病原菌を発見したのは、3回目のパンデミックが生じた時、日本政府から香港に調査派遣された北里柴三郎でした。またそれとほぼ同時期に、フランスのパスツール研究所の細菌学者であるアレクサンダー・イェルサンもペスト菌を発見しており、これによってペストの原因が判明しました。

当然のことですが、ヨーロッパで猛威を振るった2回目のパンデミックが生じた時は、ペストの原因は全く分かっておらず、さまざまなデマが流れました。

たとえば当時のキリスト教徒の間では、「ユダヤ人が井戸に毒を入れた」というデマが拡散され、ヨーロッパ各地でユダヤ人が大勢殺害されるという痛ましい事件も起きています。

原因が分からなければ治療法を確立することも出来ません。あまりにも大勢の人が亡くなったため、当時のヨーロッパの人々はペストを神罰と受け止めて、贖罪《しょくざい》のため身体に鞭をあてながらヨーロッパ各地を遍歴する人たちもいたそうです。また、毒蛇の肉を薬として投与する医者が現れたり、予防と称して香草やアルコールを摂取したり、あるいは免疫を付けるためにトイレや下水にかがみこみ、悪臭を吸い込もうとする人も出たそうです。

私たちは、こうした行為を笑うことは出来ません。COVID-19のパンデミックが生じた現代社会においても、同じようなことが散見されたからです。たとえば「新型コロナウイルスは耐熱性がないので、26~27度のお湯を飲めば予防できる」という根拠不明の予防法が、インターネットなどを通じて拡散しました。また、「トイレットペーパーの原料はマスクと同じ。いまにトイレットペーパーが足りなくなる」というデマでスーパーからトイレットペーパーが消滅しました。時代が大きく変わっても、人間の行動パターン、心理状態は根本的なところで変わらないことがよく分かります。

ペストによって封建体制が崩壊

正確な統計がないのであくまでも概算ですが、ペストのパンデミックによって、ヨーロッパの人口の3分の1から3分の2が失われました。これだけ人口が大幅に減少したら、どんな世の中の仕組みも変わらないはずがありません。

中世ヨーロッパは「封建制度」が社会の基本をなしていました。封建社会とは、農業製品を主たる生産物として、農奴が生産労働を担う一方、聖職者や貴族が農地や労働力である農奴を所有・支配する社会のことです。こうした封建社会のなかで封土、つまり領地の授受によって形成された主従関係のことを封建制度と言います。

聖職者や貴族は領主であり、農奴との間に主従関係が結ばれているわけですが、ペストで大勢の人が亡くなったことによって、農作物という生産物の生産者であり労働力である農奴の人口も激減しました。

当然、生産力が大きく落ち込みます。加えて農奴に対する需給バランスで考えると需要が高まりますから、農奴の待遇改善が必要になります。農奴人口が減り、農奴1人あたりの作業負担が重くなっているのに、待遇が全く変わらないとなったら、それは今でいうブラック企業そのものです。ただでさえ数が少なくなった農奴に逃げられたら、いくら領主といえども生活に困ってしまいます。だから農奴の待遇改善に取り組むようになったのです。

ちなみに「農奴」は農民よりも自由が少なく、半分自由人であるものの、半分は領主によって支配された奴隷的な存在であることから、「農奴」と言われます。農奴は家族を持つこと、住居、農具などの所有権は認められていましたが、移転と職業選択の自由がありませんでした。つまり農奴の家に生まれたら生涯農奴として生活するわけです。

農奴の待遇改善は、農奴解放という形で進んでいきました。中世ヨーロッパでいうと、領主裁判権、死亡税、結婚税などの封建的束縛から農奴が解放され、自立した独

フロワサール『年代記』第一巻「ジャックリーの乱」の押絵

立自営農民になっていったのです。こうして徐々に領主と農奴の主従関係によって形成されていた封建社会が崩れていきました。

ただ、その一方で封建反動の動きもありました。封建反動とは、農奴解放への動きが進んでいく過程において、徐々に窮乏《こんきゅう》化していった領主階層が、一時的とはいえ農奴解放に反対した動きのことです。つまり封建社会に戻そうとしたわけですが、それが農民の反感を買い、農民反乱が頻発するようになりました。

世界史の教科書に必ずと言って良いほど出てくるものとして、イギリスの「ワット＝タイラーの乱」やフランスの「ジャックリーの乱」が代表的です。こうした農民反乱が頻発した結果、領主階層の支配力はますます弱体化していきました。

こうしてペストがきっかけとなって封建社会は崩壊し、諸侯・騎士が没落していく一方で、今度は王権の力が強化され、世の中の体制は中央集権国家へと移行していったのです。

教皇権の失墜と宗教改革

中世ヨーロッパの社会体制が封建社会から中央集権国家へと移行していった理由としては、ペストの流行以外にもうひとつ大きな社会的変化がありました。それが教皇権の失墜です。

当時のヨーロッパは二重権力構造でした。世俗的な世界では国王、大諸侯、諸侯、騎士という支配者階級がある一方、信仰の世界では教皇、大司教、司教、司祭という序列があり、それぞれが農奴を支配していました。そして、国王と教皇のパワーバランスという点では、圧倒的に教皇の権力が強かったのです。

ところが都合7回にわたって行われた十字軍の派遣が失敗に終わったことにより、教皇権は失墜していきました。つまり、ペストの流行で諸侯・騎士といった領主階層の支配力が失われていったのと同時に、十字軍の失敗によって教皇の力も弱体化した結果、フランス国王やイギリス国王、ドイツ皇帝といった国王の力が強まり、中央集権国家が成立したのです。

しかし、教皇権が失墜したとはいえ、聖職者はそれでもまだ特権階級でした。なぜなら当時、聖職者以外は聖書を読めなかったからです。

当時の聖書はすべてラテン語で書かれていました。ラテン語というのは古代ローマ時代に用いられていた言語なので、中世ヨーロッパでそれを理解できるのは、聖職者しかいなかったのです。だからこそ神の教えを分かりやすく伝えてくれる人として聖職者は崇め奉られ、特権階級であり続けました。

これは歴史の常ですが、権力が強まると腐敗が広がります。貨幣経済が発展していくなかで、特権階級だった聖職者のなかには、聖職者の地位をお金で売り払ったり、

1515年、レオ10世発行の贖宥状（免罪符）

キリスト教では禁じられているはずの高利貸しに手を染めたりする者も出てきました。さらには「贖宥状《しょくゆうじょう》（免罪符）」と言って、お金を出してそれを買えば、現世の罪がすべて許されて天国に行けるというものまで売り出される始末でした。

このように聖職者の腐敗・堕落が加速するなかで、一部の敬虔な聖職者が異を唱えて始まったのが宗教改革です。

そもそも「お金さえ出せばすべての罪が許される」などという、本来のキリスト教の教義からすれば、いかがわしいことこの上ないものであるにもかかわらず、一般民衆はそれを信じていました。それは前述したように、聖書に書かれている言葉を理解できるのが聖職者だけだったからです。「免罪符も聖書に書かれている教えだ」と聖職者が言えば、一般民衆はそれを信じるしかなかったのです。

宗教改革から民主主義が生まれた

そこで、ラテン語で書かれていた聖書を、各国の言葉に翻訳しようというところから、宗教改革が始まりました。翻訳されたら都合が悪いのは教会の方です。これまで散々、自分たちにとって都合の良い解釈で教会を仕切ってきたのが許されなくなり、自分たちの特権的な地位が脅かされる恐れがあります。だから宗教改革を唱えている人たちは、教会から激しく弾圧されました。

それでも宗教改革の動きは全ヨーロッパに急速に広がっていきました。その裏にあったのが、技術の進歩です。グーテンベルグが活版印刷を発明したことによって、自国語で翻訳された聖書が大量に印刷され、多くの人がそれを読めるようになったのです。

世界史の教科書によると、宗教改革の先駆者はドイツのマルチン・ルターと言われていますが、それは活版印刷によって、ルターが翻訳したドイツ語の聖書が急速に広がったからです。私は、宗教改革の先駆者はルターではなく、その2世紀ほど前に英語で聖書の翻訳を試みたウィクリフだと思っているのですが、ウィクリフが英語の翻訳に取り組んでいた時は、まだ残念ながら活版印刷はありませんでした。

いずれにしても、ルターが聖書のドイツ語訳に成功し、それが活版印刷によって大量に印刷されたことで、多くの人が聖書に書かれていることを理解できるようになりました。そのため、ルター派やカルヴァン派といったプロテスタントがヨーロッパ中に広まり、キリスト教の一大勢力を担うようになりました。

中央集権化が進むなかで国王の力が強まり、国王が絶対的な権力を行使する「絶対王政」の時代になったわけですが、プロテスタントの信仰の根底には、国王、貴族、民衆、あるいは教皇、聖職者、民衆といった身分差別は決して容認できないという考えがありました。聖書には「すべての創造主である神によって人間はつくられた」と書かれていますから、あくまでも神が絶対的な支配者であり、人間はすべて平等であるべきだという主張です。

絶対王政の時代、国王はプロテスタントを徹底的に弾圧しました。「神の前では人間は平等である」という考えを主張するプロテスタントは、時の権力者たちにとっては邪魔以外の何物でもなかったからです。

当然、プロテスタントはこれに反対しました。国王が自分にとって不利な主張をする人間を不当に逮捕したり、処刑したりして良いはずがない。創造主である絶対的な神が人間に与えてくれた命を、国王だからといって勝手に奪って良いはずがない。この考え方がプロテスタントの基本であり、それが現代の欧米社会における共通の価値観である基本的人権を形作っています。

また神の前ではすべての人間が平等ですから、プロテスタントにおいては、すべての人間に等しく指導者を選ぶ権利があると考えます。つまり民主主義です。こうしてプロテスタントvs絶対王政の戦いが繰り広げられ、イギリスではピューリタン革命につながりました。

その帰結として、イギリスでは議会制民主主義が生まれ、移民によってアメリカへと広がり、アメリカが世界の覇権を握ると、民主主義は世界のスタンダードになっていったのです。

第2章

第一次世界大戦の戦況を左右したスペイン風邪

ドイツが第一次世界大戦の戦勝国になっていた？

第一次世界大戦とは、１９１４年７月28日から１９１８年11月11日までの、４年と４カ月にわたり、連合国と中央同盟国との間で行われた戦争のことです。

連合国はロシア帝国、フランス第三共和制、グレートブリテンおよびアイルランド連合王国が中心、中央同盟国はドイツ帝国とオーストリア＝ハンガリー帝国が中心でしたが、戦禍が拡大していくなかでアメリカ合衆国と大日本帝国が連合国側に、オスマン帝国とブルガリア王国が中央同盟国側に付いて戦闘が繰り広げられました。

最終的にこの戦争に巻き込まれた国を今の国家単位に当てはめると、50カ国に達したと言われています。また戦死者の数は戦闘員が９００万人、非戦闘員が７００万人で、戦死者の数が非常に多い戦争のひとつに数えられています。

なぜ、これだけ戦死者が増えたのかというと、大きな理由としては第二次産業革命による技術革新があったからです。工業化が大きく進んだ結果、航空機や戦車、潜水艦、機関銃、毒ガスといった新兵器が登場し、それが戦死者の数を増やしたと考えられます。

19世紀に行われた戦争における戦死者は大半が「戦病死」と言って、戦争の最中に罹った病気で亡くなるケースが多かったのですが、第一次世界大戦は戦死者の3分の2が戦闘中に亡くなったという統計があります。つまり技術革新が戦死者を増やしたと考えることも出来るのです。

そして、戦闘で亡くなった3分の2以外の戦死者たちは何が原因で死亡したのかというと、それが本章のテーマである「スペイン風邪」です。

世界史の教科書によると、第一次世界大戦で連合国が勝利を収めたのは、開戦から3年ほどが経過した1917年4月6日にアメリカが参戦したからと言われています。でも、私は違うと思うのです。第一次世界大戦で連合国側が勝利を収めたのは、当初、イギリスやフランスを中心にして拡散していったスペイン風邪が、しばらくしてからドイツで広まり、戦争を続行するのが困難になるほどドイツ国内を疲弊させたからです。

ちなみにスペイン風邪はA型インフルエンザの俗称です。今では冬になると普通に広がっているA型インフルエンザですが、当時は電子顕微鏡がなかったため、風邪のような症状があっても、それがインフルエンザ・ウイルスによるものだということが分かりませんでした。インフルエンザのワクチンが開発されたのは１９３０年のことです。スペイン風邪がパンデミック化した当時はワクチンもなく、原因不明の新興感染症だったことから対処のしようもなく、被害が急速に拡大しました。

インフルエンザのパンデミックは過去３回起こっています。

１９１８年から１９１９年のスペイン風邪、１９５７年から１９５８年のアジアインフルエンザ、１９６８年から１９６９年にかけて広がった香港インフルエンザがそれです。この３回のインフルエンザ・パンデミックのなかでも、スペイン風邪は被害の大きさで知られています。

全世界でどの程度の患者数、死亡者数だったのかについては正確な数字がないのですが、ＷＨＯの数字によると、患者数は世界人口の25～30%で、５億人が感染したと言われています。致死率は２・５％で、死亡者数はやはりＷＨＯが用いている数字を見ると４０００万人とされています。

本当は「アメリカ風邪」だった

なぜスペイン風邪と言われているのかをご存じでしょうか。

恐らく大半の人は「スペインから広まったから」と答えると思いますが、それは違います。スペイン風邪はスペイン発ではなくアメリカ発の疫病でした。

最初にスペイン風邪の症例が見つかったのは1918年3月、アメリカのカンザス州にある陸軍ファンストン基地だと言われています。基地内にいた兵士の1人が発熱、頭痛、喉の痛みを訴えたのですが、それと同じ日に100人以上の兵士も同じ症状を訴えました。そして数日後には同基地内で522人もの罹患者が出たのです。

ファンストン基地は訓練キャンプのような場所だったのですが、そこで訓練を受けている兵士は途中で休暇を取ります。数カ月の訓練の後に1週間程度の休暇が与えられるため、兵士は自分の生まれ故郷や住んでいるところに帰って休暇を楽しむわけですが、それによってアメリカ中にインフルエンザ・ウイルスを広めることになりました。ファンストン基地でスペイン風邪の症状が見られたのが3月でしたが、その翌月

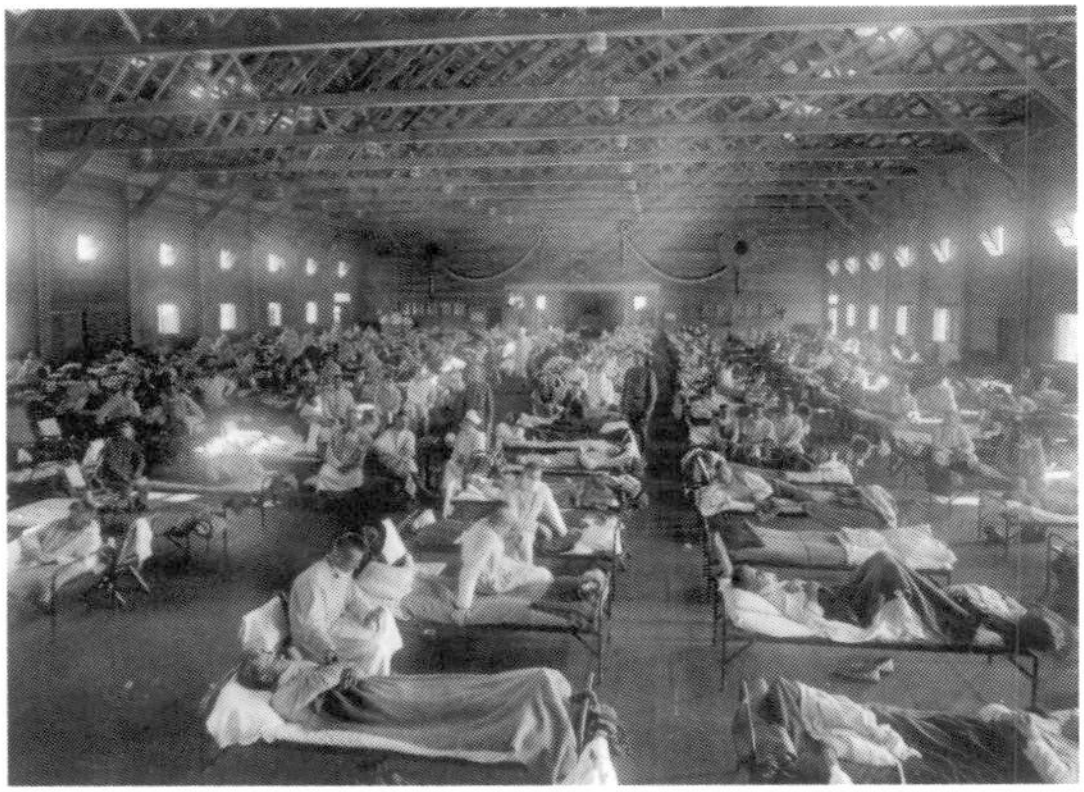

1918年、スペイン風邪の患者であふれるアメリカ・カンザスの救急病院（KRT／ニューズコム／共同通信イメージズ）

にはアメリカ中の大半の大都市に、ウイルスが拡散してしまったのです。

それがヨーロッパに広がったのは、この基地で大規模訓練をした兵士がヨーロッパ戦線に投じられたからです。こうしてフランス全土、イギリス、イタリア、スペイン、ロシア領オデッサ、ドイツ領ヴロツワフ、北アフリカ、インド、日本、中国、オーストラリアというように感染が拡大していきました。

でも、「アメリカ風邪」にならず、あたかもスペインで発生して世界に広がったと誤解されているのは、第一次世界大戦という時代背景があったからです。

戦争のさなかに疫病が蔓延したという情報が部隊に広がったら、兵士の士気は大きく削がれてしまいます。しかも戦時体制ですから、参戦国の間では情報統制が敷かれていました。その結果、参戦国の間ではこのインフルエンザについて報道されませんでした。

ところが、スペインは第一次世界大戦で中立国だったため、このインフルエンザの被害などについて自由に報道できました。そのためスペイン発の報道が注目を集め、かつ当時のスペイン国王だったアルフォンソ13世が罹患したことから、さらに報道がエスカレートし、いつの間にか「発生源はスペイン」という誤解を生むことになり、「スペイン風邪」という不名誉な名称までついてしまったのです。

1918年3月、アメリカのファンストン基地で訓練を受けた兵士はフランスに船で運ばれました。その数、実に8万4000人です。その1カ月後には、イギリスやフランスでスペイン風邪が大流行し、第一次世界大戦に従軍していた兵士の3分の1程度が戦闘ではなくスペイン風邪によって命を落としました。

したがって、アメリカ軍が投入されたからといって、兵士の数はそれほど大きくは増えなかったと私は考えています。現にアメリカ軍が連合国として参戦した後も、ドイツ軍は方々の大きな戦いに勝利を収めています。結果、第一次世界大戦の終盤にかけて、ドイツを中心とした中央同盟国は連合国よりも優勢に戦況を進めていったのです。もし、このままドイツを中心とする中央同盟国側が勝利を収めていれば、歴史の教科書に書かれている内容は大きく変わった可能性があるのです。

しかし、現実にはそうなりませんでした。ドイツを中心とした中央同盟国側が第一次世界大戦で負けたのは、時間差でドイツ側にも感染者が増えていったからです。1918年6月、ドイツ軍がイギリス軍とフランス軍の捕虜をドイツ国内に連れて戻ったところ、この捕虜がスペイン風邪に罹患していたため、瞬く間にドイツ軍、およびドイツ国内にスペイン風邪が蔓延してしまいました。

エーリヒ・ルーデンドルフという第一次世界大戦のドイツ軍司令官は、その回顧録のなかで「毎朝、兵士のなかからスペイン風邪に感染したという報告が上がってくる」、「非常に兵士全体の士気が下がってきた」、「約50万人の兵士が病院に横たわっている」という話を書いています。結果、ドイツ軍は総力を挙げた大きな戦いが出来なくなり、戦闘を避けるようになったそうです。

その一方で連合国側では、スペイン風邪から回復する兵士が徐々に増え、免疫力を得ていきました。ドイツ軍がスペイン風邪に悩まされている時、イギリス軍やフランス軍においてはスペイン風邪の第一波が収束し、戦況は一挙に連合国側有利となり、ドイツを中心とした中央同盟国は敗戦を余儀なくされたのです。

最も被害が大きかったスペイン風邪〝第二波〟

スペイン風邪は1918年3月から1919年の夏にかけて、3回にわたって流行しました。1年とちょっとの間になぜ3回も流行したのかについては、現在に至るもまだ分かっていません。

1918年3月にアメリカから始まったスペイン風邪の流行は、同年7月には収束へと向かいました。この第一波は、感染力こそ強かったものの、致死率はそれほど高くありませんでした。

ところが、1918年8月の後半から広がり始めた第二波は、ウイルスの変異によって毒性が強まり、最も致死率が高まりました。これは多くの感染症の専門家が言っていることですが、ウイルスは人間に感染するたびに進化するものらしく、第一波よりも第二波の方が強くなる傾向が見られます。COVID-19でも第二波の襲来が非常に警戒されたのは、過去にこうした事実があったからです。

第二波が広がったのは1918年9月からで、フランス、シエラレオネ、アメリカでほぼ同時に発生しました。その2カ月後の1918年11月に第一次世界大戦が終わりましたが、この時も参戦している国々はスペイン風邪の被害状況について、情報統制によって表に出ないようにしました。第二波の致死率の高さは、こうした情報統制によって引き起こされたという見方もあります。ちなみに第二波は1918年12月に収束しました。

スペイン風邪第二波の特徴は、本来なら健康で体力があるはずの25歳から35歳の若者の間で非常に大勢の人たちが亡くなったことです。また、人の移動にそって順番に感染が広がったのではなく、同時多発的に世界中で一気に感染爆発したのも特徴のひとつと言って良いでしょう。

こうしたパンデミックに対して医療体制はどうだったのかと言うと、当時はまだまだ脆弱でした。現代社会のように医療が産業として確立しておらず、医療従事者の数も少なかったのです。しかも病院はとにかく患者を救いたい一心で、感染爆発するリスクがあるにもかかわらず、無防備にすべての患者を受け入れたものだから、院内感染がひどい状態になりました。

そのうえ当時はスポーツ観戦やコンサートなども自粛されることなく普通に行われていましたから、そこからクラスター感染が引き起こされたと考えられます。

ペストの時と同じように、スペイン風邪でもデマが飛び交いました。特にイギリスやフランスの国内ではパニック的な状態が起こり、これはドイツの化学兵器であり、ガスマスクを着用すれば安心といった噂もまことしやかに流れたようです。

ただ、アメリカは第一次世界大戦が終結して情報統制をする必要がなくなった時点から、本格的な感染防止策を取り始めました。教会、学校、劇場、大型店舗、娯楽施設を閉鎖して集会を禁じ、社会的距離を保ち、かつ公共の場でのマスク着用が保健当

1920年、日本でも流行したスペイン風邪。マスク着用が奨励された
（朝日新聞社／時事通信フォト）

局によって推奨され、一部の地域ではマスクを着用しないと5ドルの罰金を科すところもありました。今回のCOVID-19パンデミックでは当初、アメリカ人はマスク着用に対してかなり強い抵抗を見せていましたが、スペイン風邪の時はマスク着用が推奨、あるいは義務付けられていたのです。

スペイン風邪の第三波は1919年1月から広がり始め、オーストラリアでは1万2000人以上の死者が出ました。第三波も世界中で一気に広がりましたが、毒性は第一波よりも高いものの、死者数は第二波よりは低かったようです。ただ、医療従事者に多数の感染者が出たために医療崩壊が起こり、それが被害を一段と広めたと言われています。

日本の被害状況についても簡単に触れておきましょう。日本においてはスペイン風邪という言葉は用いられず、「流行性感冒」と言われていました。第１回目の流行が１９１８年10月から１９１９年３月にかけて、第２回目の流行が１９１９年12月から１９２０年３月にかけて、そして第３回目の流行が１９２０年12月から１９２１年の３月にかけて猛威を振るったそうです。

当時の日本の人口は約５５００万人で、このうち２３８０万人が感染したということなので、実に国民の４割が感染したことになります。内務省衛生局の統計によれば、流行の第１回目の患者数が２１１６万８３９８人で、第２回目が２４１万２９７人、そして第３回目が22万４１７８人で、合計２３８０万２８７３人。死亡者数は約38万人でした。

日本でもこの時、現在の新型コロナ対策と同じく、学校の休校やマスク装着の奨励が行われています。

日本経済の「終わりの始まり」

第一次世界大戦の戦況を大きく左右したスペイン風邪は、流行の序盤から中盤まではイギリスやフランスを中心に蔓延し、戦争の続行に支障を来した一方、両国とも徐々に集団免疫を得て罹患者が回復に向かった時期に、今度はドイツ国内に蔓延して同国の戦意が喪失し、第一次世界大戦の勝敗が決しました。

ヨーロッパはスペイン風邪が収束した後も、経済的なダメージが極めて深刻でした。第一次世界大戦の主戦場になって大勢の人が亡くなったこともありますが、同時にスペイン風邪による死亡者が、労働の中核を担う年齢層を中心にして非常に多かったからです。このダメージは、恐らく今のCOVID-19よりもはるかに大きかったと推察されます。

これに対して、アメリカや日本の経済的なダメージは、それほど大きくありませんでした。

アメリカの場合、前述したように第一次世界大戦終結後から本格的な感染防止策を取るようになり、スペイン風邪による死亡者を、ヨーロッパに比べて少なく抑えることが出来ました。なおかつアメリカ本土は第一次世界大戦の戦場ではなかったため、主戦場だったヨーロッパに物資を輸出することで大戦景気を享受しました。

これは日本も同じです。第一次世界大戦が始まった１９１４年から１９２０年にかけて日本経済は飛躍的に成長しました。製鉄業、造船業、海運業を中心にヨーロッパからの受注が大幅増となり、なかには年５割、７割という高配当を行った企業も少なくなかったそうです。結果、株価も堅調に推移して、にわか成金が増えたと言われています。ちなみに「成金」という言葉が生まれたのもこの時期です。

どのくらい経済に好影響があったのかというと、第一次世界大戦が始まった１９１４年、日本は約11億円の対外債務を抱えた債務国でしたが、１９２０年には27億円超の対外債権を抱える債権国になったのです。また農業国から工業国への転換にも成功し、日本は欧米列強に肩を並べる国力を有するまでになりました。

しかし、日本にとっての好景気は長く続きませんでした。第一次世界大戦の終結と共に戦争特需がなくなり、反動不況が押し寄せてきたのです。１９２０年代のアメリカ経済が、ヨーロッパの復興特需で安定成長を維持できたのに対し、日本は戦争特需しか享受できなかったため、深刻な不況に陥り、世界で初めて長期のデフレに突入してしまったのです。

また1923年には関東大震災が起こり、日本経済は深刻なダメージを受け、さらに1929年には「暗黒の木曜日」と言われるニューヨーク株式市場での株価暴落が引き金となり、日本も「昭和恐慌」と呼ばれる深刻な景気後退に陥ったのです。そして、軍部が大陸進出による不景気からの脱出を盛んに主張し始め、日本は泥沼のような太平洋戦争に突入していったのです。

その意味では、確かにスペイン風邪の死者が少なく、一時は好景気に沸いた日本ではありましたが、実は「終わりの始まり」を示唆するものであったと考えることが出来ます。

歴史が教えてくれること

このように、パンデミックは人類の歴史に大きな影響を与えてきたことが分かります。社会体制すら変えてしまったと言っても過言ではありません。歴史が伝えることは「時代は元には戻らない」という事実です。

私は、今回の新型コロナウイルス騒動が、一時的なものではなく、人類の歴史のターニングポイントになると考えています。厳しいことを言うようですが、新型コロナウイルスが収束したとしても、経済の仕組みが完全に元通りに戻ることはないでしょう。

むしろ、今後はこういったパンデミックがもっと短いスパンで到来することを頭に入れながら生きていかねばなりません。社会や経済は、それに対応して変化していかなければならないのです。

しかし時代の変化に対応できた者には未来があることも、歴史は教えてくれるのです。

第3章

短期化する新型ウイルスの流行

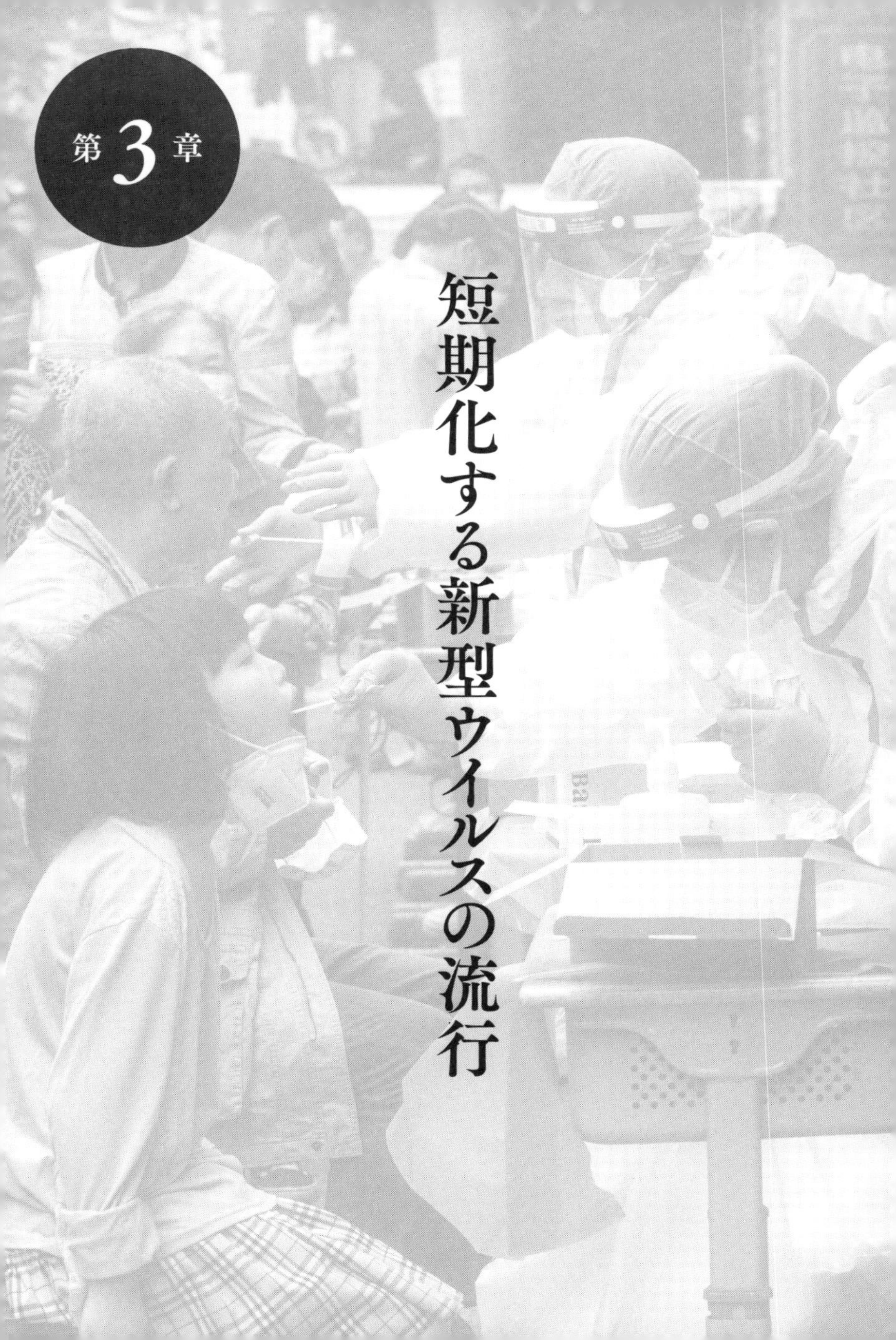

パンデミックは10年周期に？

ここまでペストとスペイン風邪という2つのパンデミックの事例を見てきました。もちろん、人類の長い歴史を振り返れば他にも疫病の感染拡大に関する多くの事例を見ることが出来ます。

あえて本書でペストとスペイン風邪について取り上げたのは、正確な統計数字ではないにしても、一応目安となる感染者数や死亡者数の数字を拾うことが出来るのと、人類が経験してきたパンデミックのなかで、最も深刻な影響を及ぼした疫病だと考えられるからです。

ここで少しだけ感染症の歴史をたどってみましょう。

過去、人類が経験したパンデミックは、次の表のようなものがありました。

たとえば541年から542年にかけて地中海を中心に感染が広がったペストと、「黒死病」と言われ1347年から1352年にかけて欧州を中心に広がったペスト

人類が直面したパンデミック

年代	病名	地域
紀元前430年	アテネの疫病（原因不明）	ギリシャ
165～180年	アントニヌスの疫病（原因不明）	ローマ
195～220年	建安の疫病（腸チフス？）	中国
541～542年	ペスト	地中海
1347～1352年	ペスト	東中西アジア、欧州
1518～1568年	天然痘、麻疹、チフス	メキシコ
1556～1560年	インフルエンザ	欧州
1665年	ペスト	イギリス
1775～1782年	天然痘	北アメリカ
1816～1826年	コレラ	アジア
1829～1851年	コレラ	欧州、北アメリカ
1852～1860年	コレラ	ロシア
1855～1896年	ペスト	アジア
1863～1875年	コレラ	欧州、アフリカ
1866年	コレラ	北アメリカ
1892年	コレラ	ドイツ
1899～1923年	コレラ	ロシア
1918～1921年	インフルエンザ（スペイン風邪）	世界
1957～1958年	インフルエンザ	世界
1961年	コレラ	南アジア、ソ連
1968～1969年	インフルエンザ	世界
2002～2003年	コロナウイルス（SARS）	中国、インド以東のアジア、カナダ
2009～2010年	インフルエンザ	世界
2012年	コロナウイルス（MERS）	中東諸国、フランス、ドイツ、イタリア、イギリス
2019年～現在	コロナウイルス（COVID-19）	世界

との間には、実に８００年もの時間がありました。

大昔の感染症については記録が曖昧な部分もあるので、どこまで追えているのか何とも言えないところはあるのですが、特に２０００年以降、新型ウイルスの流行が比較的短い周期で起きているのが分かると思います。それと同時に、「コロナウイルス」が３度にわたって広がりを見せていることも注目したいところです。

２０１９年に中国の武漢を発生源として世界中に広がったコロナウイルスについて皆、「コロナ、コロナ」と騒いでいますが、実は２００２年から２００３年にかけて広がったのもコロナウイルスですし、２０１２年に広がったのもコロナウイルスです。前者をＳＡＲＳ、後者をＭＥＲＳと称しており、２０１９年から広がったのはＣＯＶＩＤ-19というのが正式名称です。「コロナウイルス」という括りにおいて、いずれも同じと言っても良いでしょう。

ＳＡＲＳはＳＡＲＳコロナウイルスを病原体とする感染症であり、感染源動物のコウモリから人への感染が広がりました。２００２年に中国の広東省で発症が初めて確認され、その後アジアを中心に２００３年まで流行、陽性者のうち死亡する割合（致死率）は10％程度でした。

中東呼吸器症候群（ＭＥＲＳ）はＭＥＲＳコロナウイルスによる感染症であり、感染源動物はヒトコブラクダでした。２０１２年にサウジアラビアなど中東地域で広まり、致死率は30％を超えていました。２０１５年には韓国でも流行しましたが、これは中東を旅行した韓国人が自国内に戻って感染を広げてしまったためです。

現在、世界で蔓延している新型コロナウイルス（ＣＯＶＩＤ‐19）は、感染源がコウモリなのかその他の動物なのかはっきりしていませんが、中国の武漢から欧米、アジア、南米、アフリカと全世界に広がっています。致死率は３～４％と低いのですが、ＳＡＲＳやＭＥＲＳに比べて無症状・軽症の感染者が多く、完全な封じ込めが難しいのが厄介な点です。

私たちは当然、ＣＯＶＩＤ‐19以後の感染症にも備えなければなりません。

新しい感染症が発生する間隔は、ＳＡＲＳやＭＥＲＳ、そして今回のＣＯＶＩＤ‐19に至る過程で短期化していることからも想像がつくように、将来、確実に短くなっていくと考えられます。世界の人口が増加の一途をたどっているなかで、人間が従来は野生動物のみの生息地だった場所に入り込んでしまった影響が大きいのです。そういった観点から、未開の地の開発には制限をかけるのが不可欠となっていくでしょう。

地球温暖化と感染症

前述しましたが、地球温暖化が未知のウイルスを次々ともたらすというリスクも、決して大げさな話ではありません。

気温の上昇がシベリアの永久凍土や南極大陸の氷を溶かすことによって、氷や土のなかに封じ込められてきたウイルスが蘇生して人に感染するというシナリオは、決して無視することが出来ないのです。

実際に、2016年にロシアのヤマル半島では、溶け出した永久凍土のなかにあったトナカイの死骸から炭疽菌の感染が広がって、現地住民が70人以上入院しています。

ロシアの疫学研究所によれば、マンモスの死骸のなかから未知のウイルスが発見されているといいますし、各国の科学者の間でも、温暖化が進めば進むほど未知のウイルスに感染するリスクが高まっていくと懸念されています。

しかし、この件についてアメリカではあまり盛んに議論されませんでした。これは、トランプ政権が地球温暖化について懐疑的なスタンスを取り続けてきたからです。

地球温暖化と感染症リスクについて考えると、他にもさまざまな感染症が地球規模で広まる恐れがあります。ロシアにおける炭疽菌の騒動は、たまたま諸外国との人的交流が少ない地方で発生したため、世界的なパンデミックにならずに済みました。もしこの地域に外国人が訪れていて、炭疽菌を自分の国に持ち帰っていたら、爆発的に広がっていたかも知れません。

加えて地球温暖化によって、従来は熱帯、亜熱帯の地域で流行るはずの感染症が北上してくるリスクも高まってきています。たとえば蚊を媒介とする感染症には、マラリアやデング熱、ジカ熱などがありますが、実際に2014年には、日本でデング熱に罹った人が出ました。公園で蚊に刺されたのが原因です。この時は東京の代々木公園が封鎖される騒動が起こりました。最終的に日本でデング熱に罹った人の数は108人に上りました。

なぜＣＯＶＩＤ－19は世界中に広がってしまったのか

ＳＡＲＳやＭＥＲＳは、本当の意味でパンデミックではなかったと思います。ＳＡＲＳの場合、中国南部広東省で患者が報告された後、北半球のインド以東のアジアとカナダを中心にして32の地域や国々へ拡大しました。

国立感染症研究所が作成しているＳＡＲＳの可能性例の国別報告数によると、２００２年11月１日から２００３年７月31日までの報告数は、中国が断トツに多くて５３２７人。次いで香港の１７５５人、台湾の３４６人、カナダの２５１人、シンガポールの２３８人、ベトナムの63人。日本の報告数はゼロで、他の国も大半が１ケタ台でした。つまりパンデミックというほどのものではなく、フランスやドイツ、イタリアなどの欧州でも患者は出たものの、２ケタには届いていなかったため、それほどの大騒ぎにはなりませんでした。

またＭＥＲＳは、大半がサウジアラビアで発生したもので、フランスやドイツ、イタリア、チュニジア、イギリスなど中東以外の国でも症例が発生しました。韓国では、中東から1人の韓国人男性が帰国した後、2015年5月から7月にかけてMERSの集団発生が起きています。米国では2014年5月に2例の症例が確認されましたが、世界的に見れば中東地域を中心に広がったもので、幸いなことに日本には入ってきませんでした。少なくとも日本人からすれば、どこか遠い国の出来事だったというわけです。

しかし、COVID-19は日本も含めて全世界的に、瞬く間に広がりました。2020年10月14日時点の感染者数は、全世界で3788万5092人、死亡者数は108万2432人となっています。

SARSやMERSは全世界に拡散させることなく抑え込むことが出来たのに、なぜCOVID-19は世界中に広がってしまったのでしょうか。

その要因は、SARSが流行した2002〜2003年や、MERSが流行した2012年当時と比べて、現在は中国を中心に海外旅行で往来する人々の数が圧倒的に増えたためだと考えられます。ウイルスの広がるスピードが格段に上がり、感染の連鎖を断ち切るのが難しくなったのです。

グローバル化が感染のスピードを加速させるという点は、ペストも同じでした。ペストがヨーロッパで爆発的に広がった時は、遠隔地貿易で商業貿易が発展し、人の往来が増えていたからです。スペイン風邪もアメリカ軍の兵士がヨーロッパに派兵されるという人の往来があったから拡散しました。結局、この手のウイルスを拡散させないようにするためには、手洗いやマスクも必要かも知れませんが、やはり人の往来を絶つしかないのです。

それに加えて、中国が当初からSARSの時と同様に、COVID-19の感染拡大に関する情報を隠蔽したため、他の国々の対策が遅れてしまったという要因があったのも否定できないでしょう。

確かに、ウイルスの発生源として歴史に残ってしまうのは不名誉なことかも知れませんが、隠蔽すればするほどウイルス拡散の対策が取りにくくなります。それは第一次世界大戦下において兵士の士気を落とさないようにするため、徹底した情報統制を行った結果、パンデミックを引き起こしてしまったスペイン風邪と同じです。歴史から学ぶべきなのに、それを学ばないのが人間の愚かなところです。

もっと言えば、WHOによるパンデミック宣言が遅れたことも、世界的にウイルスを拡散させた原因のひとつと考えられます。

COVID-19に関してWHOがパンデミック宣言を行ったのは2020年3月11日のことでした。しかし、2020年の中国の春節は1月24日から30日で、この期間が大型連休になることから、発生源と見られている武漢に住む人も含めて大勢の中国人が、海外旅行に出かけてしまいました。もっと早い段階でWHOがパンデミック宣言を出し、それによって中国から海外への旅行などをストップさせていれば、ここまで感染が拡大することはなかったと思われます。

一方、日本においては、政府によってインバウンドを重視する経済政策が取られ、近年、中国を筆頭にアジアからの観光客が物凄い勢いで増えていました。日本国内において新型の感染症が拡大するリスクは、以前に比べて大いに高まっていたのです。案の定、COVID-19は日本国内にも拡散しました。現状において、重傷者や死亡者の数が比較的抑え込まれている点だけが救いと言っても良いでしょう。

政府の危機感のなさも感染拡大の要因

もっと言うと、日本政府に危機感が薄かったことも、被害を拡大させた原因のひとつと考えられます。これは私の経験ですが、2019年10月、台風19号が関東に接近した日に、車を運転して首都高速を走っていました。その時、車のなかでラジオを聴いていたのですが、そこで気象庁の担当者が「命を大切にしてください」と国民に呼びかけていたのを鮮明に覚えています。こんな呼びかけ、生まれて初めて聞きました。その時、今回の台風は、けた違いの勢力で恐らく大変な被害が生じるのではないかと思ったのです。そして実際、大変な被害が発生してしまいました。

ところが、気象庁がそのような異例の発表を行った後、当時の政府が何をしていたのかというと、ある閣僚は赤坂で呑み会をやっていて、その様子はツイッターに上げられていたのです。

これを見た時、私は「ああ、この政権は東日本大震災のような危機が到来した時、何も対応できないのかも知れないな」と思いました。COVID‐19が日本国内で拡散してしまったのは、まさに日本政府の危機意識の低さが露呈した結果と言っても良いのかも知れません。第二次安倍政権はマスクの全戸配布など頓珍漢な政策を打ち、批判を浴びるとさっさと国会を閉会してしまいました。

韓国や台湾が早期にＣＯＶＩＤ‐19の封じ込めに成功したのは、ＳＡＲＳの感染防止対策に失敗した教訓を生かすことが出来たからです。日本にはその教訓がありませんでした。韓国や台湾からいち早く謙虚に学ぼうという発想もなかったのは残念でなりません。

欧米の高額な医療制度が重症患者、死亡者を激増させた

発生源であると思われる中国ではＣＯＶＩＤ‐19の新規感染者数はかなり抑え込まれており、累計の感染者数は８万５５９１人です（２０２０年10月14日時点）。

その他、アジアの累計感染者数を見ると、日本が９万１５２６人、韓国が２万５０３５人、フィリピンが34万８６９８人、台湾が５３１人、香港が５２１３人、シンガ

ポールが5万7892人といった具合です。

ちなみに死亡者数を挙げると、中国が4634人、日本が1650人、韓国が441人、フィリピンが6497人、台湾が7人、香港が105人、シンガポールが28人です。

一方、欧米諸国はどうなのか？　ご存じのようにかなり悲惨な状況になりました。アメリカの感染者数が797万9709人で、死亡者数が21万7692人、イギリスは感染者数が67万3622人で、死亡者数が4万3293人、フランスは感染者数が81万8707人で、死亡者数が3万2876人。イタリアは感染者数が31万1602人で、死亡者数が3万6732人となっています。

感染者数に占める死亡者数の割合を計算すると、中国は5・4%、日本が1・8%、韓国が1・8%、というようになりますが、一方で欧米はアメリカが2・7%、スペインが3・7%、イタリアが11・8%となっています。COVID-19に感染して死亡するリスクは、アメリカはまだ抑えられている方ですが、ヨーロッパの国々はかなり深刻な状況に追い込まれました。

新型コロナの世界の感染状況

	国名・地域名	感染者	死者
1	アメリカ	7,979,709	217,692
2	インド	7,370,468	112,161
3	ブラジル	5,169,386	152,460
4	ロシア	1,346,380	23,350
5	アルゼンチン	949,063	25,342
6	コロンビア	936,982	28,457
7	スペイン	921,374	33,553
8	ペルー	859,740	33,577
9	メキシコ	834,910	85,285
10	フランス	818,707	32,876

ジョンズ・ホプキンス大集計。2020年10月15日現在

なぜCOVID-19が欧米を中心に爆発的に拡大したのかについては、医療制度の問題が非常に大きいと考えられます。

日本に住む私たちのことを考えてみて下さい。ちょっと体調が悪いとすぐに病院に行く人は結構多いと思います。これは医療費が安いからです。なかには大した病気でもないのに救急車を呼ぶ人もいますが、同じことをアメリカで行ったら大変なことになります。

たとえば一般の初診料が300ドルと言われたら、どう思いますか。1ドル=107円で計算すると、3万2100円です。救急医療センターに搬送されると10万円、

入院は一泊の室料だけで２０００ドルから３０００ドルですから、これも日本円にすると21万円から32万円になります。

ちなみに今回のコロナ禍でアメリカのワシントン州で入院した70歳男性は、２カ月間の入院で奇跡的に回復したものの、治療費の請求額は１１２万２５０１ドル。日本円にして１億２０１０万円にもなったことが、ちょっとしたニュースになりました。

これだけ医療費が高額だと、病院にかかって病気を治したのは良いけれども、莫大な金額の医療費で借金漬けになる人も増えてしまいます。実際、２０１９年末時点でアメリカの人口の４割強に相当する１億３７００万人もの人たちが、医療費の支払いを滞らせているという現実がありますし、個人破産した人たちの３分の２は、医療費を払えなかったことを理由にしています。

こうなると、病気に罹っても医療費を払えないので医療機関に行くのを断念してしまう人が増えてしまいます。アメリカの労働者はちょっと熱があるくらいでは仕事を休みません。熱を出して仕事を休むと、すぐにレイオフの対象にされる恐れがあるからです。だから、38度の熱があっても会社に行く。そして、周りに濃厚接触者をどんどん増やしていく。今回、アメリカでCOVID‐19の感染者数が爆発的に増えた背景には、医療費の問題があるのではないかと私は見ています。

また低所得者層にCOVID‐19が蔓延したという事実も無視できません。黒人層に感染死亡者が多く見られるというデータが散見されます。黒人層は白人に比べて平均的に所得水準が低いため、食事がどうしてもファストフードなど栄養の偏ったものばかりになりがちです。肥満や糖尿病に罹っている人が多く、それがCOVID‐19に感染した後、重症化しやすい理由のひとつと考えられます。

つまり感染症による被害を広げたくないのであれば、国民皆保険を確立・維持するのと同時に、貧困者対策を行うことが必要になると思うのです。それは雇用環境の改善とイコールです。

アメリカ国民の約18%が貧困層

アメリカの生産性が高いことは周知の通りです。先進7カ国のなかではアメリカの生産性が最も高いのですが、それは貧困と裏腹の関係にあります。一般的に生産性が高く、ある程度の成長率を維持している国は、国民の貧困率が高めで、かつ医療制度が脆弱という共通点が見られます。

アメリカなどは確かに生産性が高く、経済成長率も先進国のなかでは高めですが、国民の17・8％が貧困層です。人数にして約5000万人前後が貧困層なのです。そしてこの層に含まれている人たちは、前述したように、病気に罹ったとしても病院には行かないのが普通です。

そこまで貧困層が多いのは、雇用形態に問題があると考えられます。

アメリカの雇用環境は、少なくとも新型コロナ以前までは非常に堅調でした。失業率の数字を見ると、2018年4月から毎月、ほぼ3％台を維持しており、完全雇用に近い状況と思われてきました。しかし実は労働者の60％は短期契約、つまり日本で言う非正規社員です。

短期契約ですから、すぐにレイオフの対象になりますし、昨今のようにコロナ禍によって景気の先行き見通しが不透明になると、契約が満了して次の契約を結ぼうとしても、結べなくなるケースも十分に起こり得ます。したがって生活が非常に不安定になります。

日本でも企業の生産性を向上させる必要性が声高に主張されていますが、生産性が上がれば上がるほど労働者の雇用環境は悪化していくことも念頭に置いたうえでの議論が必要だと思われます。日本の非正規社員の比率は40％で、米国のそれに比べれば低い方ですが、それでも40％もの人たちが不安定な雇用環境のもとでの生活を余儀なくされているということです。

「生産性」という悪魔の呪文

生産性の向上を徹底的に追求した結果、アメリカでは医療機関にまで生産性の追求が求められ、多くの医療機関は統廃合を余儀なくされました。結果、地方の医療機関がどんどんなくなり、下手をすれば自動車で1時間以上も行かないと医療機関がないという劣悪な状況に陥っているのです。これがアメリカの実体です。アメリカの医療費が滅茶苦茶高いのは、こういう背景があるからです。

では、ヨーロッパはどうなのでしょうか。２０２０年10月14日現在、感染者数が67万３６２２人、死亡者数が４万３２９３人で、感染者数に占める死亡者数の割合が６・４％のイギリスの場合、国の医療保険制度はあるのですが、実は破綻しかけているのです。ちなみに８月時点の死亡率は14・８２％にも達していました。

破綻と言っても財政的に厳しいのではなく、人材不足によるものです。医師、看護師が不足しており、急患が運ばれてきても対応し切れず、患者が治療を受ける前に亡くなるケースも少なくないと言われています。

これも医療施設において生産性が追求された結果と見ています。イギリスでも病院経営の生産性向上が求められ、その統廃合が進みました。結果、民間の病院に比べて国営の病院は待遇面、特に給与の面で大きな差がついてしまったのです。

当然、誰もが少しでも良い待遇を受けられるところで働きたいと思いますから、待遇面で劣る国営の病院で働いていた医療従事者が大勢、民間の病院に移籍してしまったのです。その結果、イギリスの国営医療機関では、２０１９年に急患救急部門の待ち時間が最悪になったそうです。緊急を要する患者が救急車で搬送されてきても、国営医療機関に運ばれると4時間待ち、5時間待ちが当たり前で、かつ緊急性の高くない患者は診療を受けるまで平均2週間も待たされるのだそうです。

これは国営医療機関についてのことなので、民間医療機関に行けばこの手の待たされる問題もほとんどないと考えられますが、民間医療機関は国営医療機関に比べて段違いの費用が掛かります。今回のCOVID-19に限らず、他の病気でも民間医療機関を要望する人は少なく、結果的に待ち時間が長くても国営医療機関を選び、治療を施されないまま死に至るというケースが多かったのです。

このように病院の生産性向上を目指す傾向から、優秀な医師、看護師が大挙して待遇の良い民間医療機関に転籍した結果、国営医療機関が人材不足に陥りました。大金持ちではない普通の人々が簡単に医療機関での診断が受けられないという状況は、フランスも同じと言われています。

医療分野の生産性とは、患者が負担する医療費が高いか安いかで決まります。日本の医療費は安いうえに国の保険制度によってカバーされている部分が大きいため生産性が低いのですが、結果的に日本は非常に質の良い医療制度を維持しています。生産性の向上は必要かも知れませんが、何にでもそれを当てはめるのは良くないということの好例だと思います。

ＳＡＲＳの経験を生かした台湾、韓国

ＣＯＶＩＤ‐19が世界的に広がりを見せるなか、それをうまく抑え込んだ国もあります。アジアでは台湾と韓国であり、ヨーロッパではドイツが挙げられます。

２０２０年２月時点の台湾の人口は約２３６０万人で、感染者数は10月14日時点で５２９人。死亡者数はわずか７人です。これだけ感染者数と死亡者数を少なく抑えられたのは、蔡《さい》英《えい》文《ぶん》総統の指導力によるところが大きいと思います。

前述したように、２００３年にＳＡＲＳを経験していたので、その時の教訓を生かすことが出来たのでしょう。水際対策として入国者の隔離を徹底し、医療用マスクを計画的に増産しました。

台湾のデジタル担当大臣として活躍したオードリー・タン（AFP=時事）

加えて民間の有能な人材を大臣に登用しました。たとえば唐鳳（オードリー・タン）デジタル担当大臣が、政府が市場のマスクをすべて買い上げて管理するシステムを確立しました。唐鳳デジタル担当大臣は、プログラマー・ハッカーであり、16歳でインターネット企業の立ち上げに参加、米企業アップルの顧問に就任するなどビジネス分野の人で、ITの専門家です。各々の大臣は、管轄分野について専門的な知識を持っている人がなるべきであることが、この件からもお分かりいただけるのではないでしょうか。

蔡英文総統が具体的にどのような対策を

取ったのかというと、日本で厚生労働省に該当する「衛生福利部」の疾病管制署を中心に、省庁横断で設置された中央感染症指揮センターに強大な権限を与え、「伝染病防治法」という法律に基づいて学校を休校させたり、大規模な集会やイベントを制限させたり、交通機関を管理させるなど、国民生活の細部に至るまで徹底的な管理を行いました。

マスクの計画的な量産も、この伝染病防治法に基づいて国民生活を管理する一環でしたが、その結果、台湾国民は日本のようにマスク不足に悩まされることは一切ありませんでした。

もちろん国民生活にある程度の制限が加えられたのも事実です。政府の感染対策に従わない国民に対しては、かなり厳しい罰則規定が設けられました。たとえば海外から帰国した人が隔離措置に従わない場合は１００万新台湾ドル、日本円に直すと３６０万円の罰金が科されました。ここが日本との大きな違いです。日本は、ヨーロッパから帰国した人は野放しに近い状態でした。

台湾の次に抑え込みに成功したのが韓国です。韓国もＳＡＲＳやＭＥＲＳを経験していたので、そこでの教訓が生かされたのでしょう。

韓国の疾病対策を行っていたのは、省庁級である疾病管理本部です。この部署は感染症予防法に基づいて、緊急事態が生じた時には、政府の各部門に対応を要請できる法的根拠を持っています。前述した台湾の衛生福利部疾病管制署と同じです。韓国にこの部署が出来たのは、やはりＳＡＲＳの経験です。

この部署は、食品・医薬品安全庁に対して、民間企業が開発した診断キットの迅速な承認を要請しました。通常は１年かかる検査キットの承認手続きを、わずか１週間で終わらせたことで、民間医療機関による大量検査が可能になったのです。また感染症患者の濃厚接触者を割り出すため、警察への協力を求め、うまく機能しました。

韓国の人口は２０１８年時点で５１６４万人ですが、２０２０年10月14日時点のＣＯＶＩＤ‐19感染者は２万４８０５人で、死亡者は４３４人です。台湾に比べて初動対応は遅れたものの、感染が拡大してからの対応は迅速でした。ＰＣＲ検査のドライブスルー方式など大規模検査を実施し、検査と隔離を徹底しました。

台湾、韓国の両国に共通しているのは、強大な権限を持つ司令塔が危機管理体制を徹底したことです。

これに対して日本は、国立感染症研究所が中心になっていると思いますが、法的な強制力を伴う権限を持っていません。そのため感染症専門家の科学的知見が十分に生かされていないのが実情です。

日本は今回の教訓を生かしつつ、今後、新しい感染症が流行した時に備えて、抑え込みに成功した国々から謙虚に学ぶ必要があります。

死者数を抑え込んだドイツ

ヨーロッパではイギリス、フランス、イタリアなどかなり悲惨な状況になりましたが、死亡者数の少なさという意味では、抑え込んだのがドイツです。

ドイツの場合、２０２０年10月14日時点の感染者数は32万９４５３人で世界有数の人数なのですが、死亡者数が比較的少ないのです。同日の死亡者数が９６３４人ですから、感染者数に占める死亡者数の比率は２・９％です。アジアの国々に比べれば高いのですが、イギリスが6・4%、イタリアが11・8%という数字からすれば、この死亡率の低さは抑え込みに成功したものと考えることが出来ます。

その背景にあるのは、歴史の教訓です。ドイツ政府は２００２年から２００３年にかけて流行ったＳＡＲＳの経験を踏まえ、将来、世界的に新しいウイルスが広がった時の対応などに関する想定シナリオを、２０１３年１月にドイツ連邦議会に提出した報告書に記載していました。そのなかには学校閉鎖や集会の禁止、航空・鉄道など交通網の麻痺、医療現場の崩壊、マスクや消毒液の不足、感染症の長期化といったシナリオが並んでいたのです。

こうした事前準備をしっかり行っていたことに加え、ドイツには3つの強みがありました。

第一に、他のヨーロッパ諸国に比べて医療設備が充実していることが挙げられます。その結果、早期の大規模な検査と隔離が可能になりました。ＯＥＣＤの調査によると、人口10万人あたりで見た集中治療室の数が約34床もあるのだそうです。これはイタリアの4倍です。

第二に、在宅勤務を支援する仕組みがすでに整えられていました。驚くべきことに、ドイツの中央銀行であるドイツ連邦銀行でさえ、間もなく在宅勤務できるような仕組みが出来るそうです。

第三は、ドイツにはイタリアのように高齢者も含めて大家族が共同生活を送るよりも、どちらかというと高齢者が自分たちだけで自立した生活をするというライフスタイルがあります。結果、高齢者が無症状の若者と接触して感染するというリスクをある程度、抑え込むことが出来ました。

アジアとヨーロッパではウイルスのゲノムが違う?

このように、COVID‐19の抑え込みに成功した国の事例を見ると、それ相応に対応をしていたことが分かります。しかし、ひとつだけ注意しなければならない点があります。

それは、アジアで流行したウイルスとヨーロッパで流行したウイルスは、同じCO

ＶＩＤ‐19でも毒性や感染力が違うということです。
日本をはじめとしてアジア全体に広がったものをアジア型、ヨーロッパで広がったものを欧州型として分類すると、欧州型はアジア型よりもはるかに毒性や感染力が強いと考えられます。

メディアでは、「日本は手を洗う習慣がある」とか「綺麗好き」、「キスやハグをする習慣がない」といったことを理由に挙げて、日本が感染を抑え込んだなどと賞賛する報道もありましたが、専門家の間でこれを真に受けている人はいません。要するに、日本で蔓延したＣＯＶＩＤ‐19はアジア型だったので毒性が弱く、したがって死に至る人が少なく抑えられたということです。

専門家に言わせると、どうやらウイルスのゲノムが違うらしいのです。現在、生命情報科学を専攻している情報工学者が中心になって、世界各国でウイルスのゲノム配列に関する分析が進んでいるそうですが、最新の報告では新型コロナウイルスは３つのグループに分類されるそうです。

武漢から広がったのが原型で、これが変異してアジア型になり、中国や日本、米国

路上で行われた武漢の新型コロナ検査（AFP＝時事）

やオーストラリアの一部に広がりました。

このアジア型がヨーロッパに入り込んだ際の窓口になったのが北イタリアでした。というのも、ヨーロッパ各国で中国と最も経済的な結びつきが強かった国はイタリアだったからです。

このイタリアでCOVID-19のゲノム配列が突然変異を起こして、欧州型になりました。欧州型の毒性と感染力は非常に強く、ヨーロッパ全域だけでなくアメリカ、ブラジルへと広がっていきました。

まだまだ解明されていない点はありますが、日本にとって一番避けなければならないのは、欧州型が入ってきて、それが蔓延することです。すでに一部には欧州型が入ってきたという話もありますが、現時点ではそれが日本全国に広がった形跡は見られていません。

現状、日本で発見されたCOVID - 19のうち15%が欧州型だと言われています。これをどうやって広がらないようにするかが、日本にとって大きな課題といえるでしょう。今の日本で重症者数や死亡者数が少ないからといって、油断は禁物なのです。

ワクチンは決定打にはならない

今の時点では一部の国で抑え込みに成功しているCOVID - 19ですが、まだ分からないことだらけだという点は留意しておく必要があります。

インフルエンザなどが流行しやすい真冬に広がり始めたCOVID - 19ですが、当時、感染症の学者たちが口を揃えて言っていたのは、「湿度が上がる夏にはウイルスが弱体化するので感染拡大は収まるだろう」ということでした。

でも、実際はどうだったでしょうか。日本では外出自粛の効果によって2020年

5月上旬から6月中旬にかけて新規感染者数が落ち着き、1日あたりの新規感染者数は2ケタに収まっていましたが、6月下旬にかけて100人台に乗せた後、7月末にかけて急増し、ピーク時の1日あたり新規感染者数は1600人弱にもなりました。

この事実から、「夏になればウイルスは弱体化する」という見立てが完全に的外れだったことが分かりました。夏でも感染が広がったことから、他のインフルエンザ・ウイルスとは別物であることがはっきりしました。COVID - 19はこれまでの感染症のセオリーが通用しないシロモノであると考えられるのです。

夏でも収まらなかったCOVID - 19が今後どうなるのかについても、全く不明です。一般的には乾燥する秋から冬にかけて、ウイルスの活動が一段と活発になりますから、2020年6月下旬から7月末にかけての感染者急増が第二波だったとすると、第三波、第四波というように感染拡大が起こることも十分に想定されます。

何よりも怖いのが、第三波、第四波というように新しい感染拡大が到来した時、COVID - 19の毒性が突然変異によって強まるリスクがあることです。そもそも発生源とされる中国武漢では、それほど毒性が強くなかったのに、イタリアをはじめとして欧州全体で猛威を振るったＣＯＶＩＤ－19は、突然変異によって毒性と感染力が強まりました。日本で広がったウイルスは毒性の弱いアジア型でしたが、いつその毒性が強まるかは何とも言えません。そのくらい、ＣＯＶＩＤ－19の正体は誰にも分からないのです。

だからこそワクチン開発が急がれているわけですが、イギリスのキングス・カレッジ・ロンドンの研究チームによると、ＣＯＶＩＤ－19に感染した65人を対象にして抗体の量の経過を観察したところ、発症から３週間程度で抗体の量がピークに達し、そのうち約60％の人は強力な抗体を持つことが判明しました。しかし、発症から３カ月が経過すると強力な抗体を維持できる人は約17％まで減少してしまうことも判明しました。

そうなると、ワクチンを打って抗体をつくったとしても３カ月しか持たないのだから、年４回、ワクチン接種の注射を打たなければなりません。しかも、ワクチンを打ったら絶対に罹患しないというものでもありません。たとえばインフルエンザだって、型が変われればワクチン接種の効果はなくなります。ＣＯＶＩＤ－19の場合、突然変異の可能性がありますから、ワクチンを打った直後に突然変異すれば、効果がなくなることも考えられます。

ワクチン開発競争が世界的に激化しています。WHOはパンデミックを少しでも抑えるため、本来なら治験で80％以上の有効性がなければ、ワクチンを認めないのですが、COVID‐19に関しては、50％に引き下げています。有効性50％というのは、半分の人には効きますが、半分の人はワクチンを打っても罹患することを意味します。

有効性が低いワクチンを打つと、「抗体依存性感染増強」という副作用を引き起こす恐れがあります。これは体内に十分な抗体が出来ていない状況からウイルスの増殖が速くなる現象で、この副作用が生じると重症化するリスクが高まると言われています。ワクチンに対する期待感は高いものの、現状においては決定打にはならないと考えられます。結局のところ、私たちはCOVID‐19と共生していくしかないのでしょう。

また前述したように、地球温暖化の影響によって永久凍土が溶け、氷の下で眠っていた未知のウイルスが活動を始めるリスクも高まっています。地球温暖化に歯止めをかけない限り、私たち人類は「ウィズ・コロナ」どころか、「ウィズ感染症」の世の中を生きて行かざるを得なくなるのです。

第4章

感染症と共存していく社会へ

かつての「働き方」では生き残れない

未知のウイルスの根絶が極めて困難という事態が続けば、２０２０年開催が1年延びた東京オリンピック・パラリンピックの中止も十分に考えられます。ＩＯＣ（国際オリンピック委員会）は開催すると言っていますが、余断を許しません。

東京オリンピック・パラリンピック開催が中止となった場合、経済面でさまざまな悪影響が生じるという話は、一部の経済論者の間でまことしやかに言われています。オリンピック・パラリンピック開催による経済効果は数十兆円あり、これが消し飛べば日本経済は再び大不況を迎えるといった内容です。

しかし私は、「禍《わざわい》を転じて福となす」大きなチャンスになると考えています。なぜなら、「テレワーク」という働き方がやっと多くの人々に認知される契機となったからです。

テレワークの普及は、日本の生産性を大幅に引き上げるポテンシャルを秘めています。人口減少が今後、加速度的に進む日本では、今の経済規模を維持するために最も有効なツールのひとつになるはずです。ちなみにテレワークの「テレ」は「tele＝離れた場所の」という意味です。

安倍前政権の重要政策である「1億総活躍社会」では、「働く人々が、個々の事情に応じた多様で柔軟な働き方を、自分で選択できるようにするための改革」として「働き方改革」が打ち出されました。

人口の少子高齢化が進み、人口そのものが減少していくなかで今の経済規模を維持していくためには、従来は現役の労働力と見なされていなかった高齢者、あるいは育児や介護などのためにフルタイムで働くことを諦めざるを得ない状況にある人でも働ける環境を築いていくことが大事であり、その環境整備のひとつとして推奨されていたのが「テレワーク」でした。

しかし、現実的にはなかなか本格導入に踏み切る企業が少なく、その普及に疑問符が付き始めたところでCOVID‐19のパンデミックが起こりました。多くの企業が社員の出社を禁じ、会議や客先訪問はオンラインに切り替えられました。パンデミックによって半ば強制的にテレワークを導入せざるを得ない状況に直面したのです。結果、どうしても現場に出向かなければ仕事にならないエッセンシャルワーカー以外の労働者は、自宅でzoomなどのビデオ会議システムを用いて会議をし、必要な書類はメールなどで送受信するといったスタイルが定着しつつあります。

毎日ムダになっていた「1時間30分」を活用せよ

正確に積み上げた数字ではありませんが、テレワークを導入した企業の生産性は2～3割程度、上がると思われます。なぜなら、日本の会社員にとって毎日の「通勤」は「痛勤」と表現されるほど肉体的および時間的な負担が大きいからです。

総務省の最新の統計によれば、都道府県で1日の通勤時間が長いのは神奈川県の1時間45分をトップに、千葉県の1時間42分、埼玉県の1時間36分、東京都の1時間34分と続いています。このように東京圏（一都三県）の通勤時間は、全国平均の1時間19分と比べてとりわけ長くなっているのです。

神奈川県にしても千葉県にしてもあくまで平均の時間ですから、通勤に2時間程度かかっているケースも決して珍しくありません。また、東京圏に次いで大都市圏である大阪圏に通勤している人の場合だと、通勤に1時間30分以上を費やしているのは当たり前の状況となっています。こうした通勤の負担がなくなるだけでも効果が大きいのは、誰にでも容易に理解できることでしょう。

在宅勤務の最大のメリットは、通勤時間がなくなることです。会社始業時間より早い午前7時～8時に仕事に取り掛かり、午後3時～4時に終わらせることも可能になります。満員電車による通勤で体力を消耗することもなく、最初から仕事に集中できるというメリットもあります。その結果、仕事における生産性を高める一方で、残業時間を減らすことが出来ると考えられています。

恐らく電車に揺られて通勤している人は、この1時間30分を居眠りに費やすか、スマホでゲームをするなど「暇つぶし」に充てているのが普通ではないでしょうか。それすら出来ない満員電車状態であれば、まさに通勤地獄です。「仕事で疲れている」とか「ストレスが溜まっている」など理由はいろいろあると思いますが、その疲労やストレスの原因は、日々の通勤地獄によるものかも知れません。

それがなくなれば、この1時間30分をもっと有効に使えるはずです。65歳以降も働けるように健康作りを目的にしたジム通いでもいいですし、資格取得のための勉強に費やしてもいいでしょう。ビジネスパースン一人ひとりが自分で工夫して1時間30分を有効活用すれば、生産性はさらに向上していくはずです。

日本の伸びしろは大きい

2018年の日本の1時間あたりの労働生産性は46・8ドルであり、データが取得可能な1970年以降、先進7カ国のなかで下位の状況が続いています。トップのアメリカは74・7ドルですから、日本はその6割強の水準にまで落ち込んでおり、かつ2017年と比べた場合、両国の差は3・4ドルも拡大しています。

日本の生産性が低いのは、企業全体に占める中規模企業と小規模企業の割合、とりわけ小規模企業の割合が非常に高いからですが、その他の要因としてはホワイトカラーの非効率な働き方や、企業の旧態依然としたシステムなども生産性向上の足かせに

主要先進7カ国の国民1人あたりGDPの順位の変遷

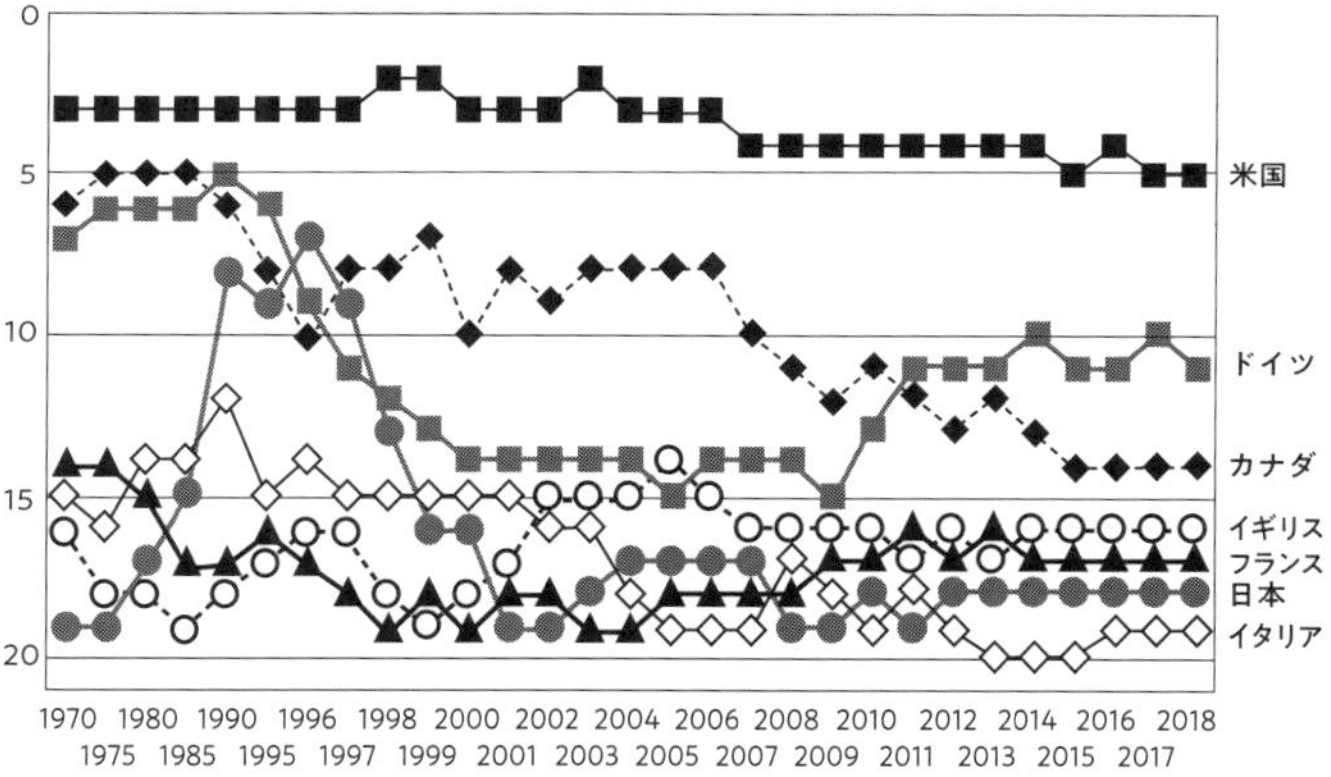

日本生産性本部

なっていると考えられます。

ホワイトカラーの働き方が柔軟なアメリカでは、企業のテレワーク導入割合が8割を超えています。対して日本のそれはようやく2割を超えた程度であり、この差は大きいと言えるでしょう。現状では大企業の導入割合が増え続けているものの、中小企業への導入は一向に広がっていません。

すべての仕事を在宅で行うのは不可能ですから、ある程度の出社は必要だと思います。しかし、企業のなかでよく言われている「労働時間の管理が難しい」といった懸念は杞憂です。「時間」で働くという考え方を改めて、「成果」を出せば働く時間は問わない方針に変えれば良いのです。

次に社内システムの脆弱性についてですが、全社で在宅勤務が出来るかどうか検討した大企業のなかには、社内システムに外部から大量の接続があるとパンクするという理由から、テレワークを見送ったところがあります。

日本の低生産性の原因のひとつは、IT分野でかなり遅れをとっていることにありますす。日本企業はIT投資の8割を、既存の古い情報システムの維持や運用に使っているからです。そもそもIT投資の額が米欧に比べて少ないことに加え、投資額の大半は運用コストが高く生産性の低いシステムの維持費に使われているのです。

こうした旧態依然とした情報システムは、DX（デジタル・トランスフォーメーション、デジタル技術による変革）に対応できないため、テレワークの大きな妨げになっています。特に経団連に加盟するような大企業では、大半がサラリーマン社長であるせいか、大規模かつ大胆なIT投資に踏み切ることが出来ずにいます。これでは多くの大企業が競争力を失ってしまうのではないかと私は危惧しています。

企業の経営者たちは古いシステムの除去費用に尻込みすることなく、システムをクラウド型に切り替える決断をする必要があります。いくら多くの企業が今後はビッグデータの活用を重視しているといっても、今のままでは掛け声倒れになる可能性が高いと言えるでしょう。

その意味でも、パンデミックによって半強制的にテレワークを導入せざるを得なくなったことによって、大企業が減損を伴う古いシステムの除去に躊躇《ちゅうちょ》することなく、システムをクラウド型に切り替える決断を下す契機にもなります。これまでシステムを導入していない割合が高い中小企業でも、減損が生じないというメリットを生かして、業務のクラウド化によって効率化を推し進めることが出来ます。

テレワークはまた、大規模な地震や大型の台風など自然災害が起こって公共交通機関が麻痺した時に、会社員が安心して自宅で働く機会を提供するツールになり得ます。企業は活動が停止するリスク、会社員は通勤できないリスクを抑えることが出来るのです。

今回の新型コロナ騒動を発端として、将来的に日本人が働き方を「週2日は会社勤務、週3日は在宅勤務」といった形に変えることが出来れば、働く人が元気になるので生産性は間違いなく上がります。日本は最先端のＩＴ投資やクラウド型のシステムの導入が遅れているため、テレワークにつながる投資の効率化は他の先進国に比べて伸びしろが大きいはずです。そういった意味では、日本の将来はそんなに悲観することではないのかもしれません。

本物の成果主義がやってくる

テレワークの普及がもたらす効果は、生産性の向上や生活の潤いだけではありません。日本人の働き方の意識が「時間」から「成果」へと変わっていく効果も期待できるのです。日本企業の先行指標となるトヨタでは、すでに２０１９年から職務における能力や成果によって評価が決まり、それによって給与や待遇を柔軟に見直す仕組みが取り入れられています。

仕事でのモチベーションが高い人が増えて生産性が上がれば、給与は自然と上昇していくようになります。私たちの生活実感に近い「実質賃金」が上昇し、本当の意味での経済の好循環が達成できるようになるのです。

ただし、この恩恵を受けられる人は、きちっと働いた人あるいは成果を出した人だけです。残業代欲しさにダラダラ長時間働いていた人には厳しい社会になるかも知れません。

テレワークが広がると、仕事の能力に対する個人差が、誰の目にもはっきりと見えるようになります。そうなった時、前述したように働き方の意識が「時間」から「成果」へと変わりますから、能力差に応じた待遇をしなければ、組織内の公平性が保てなくなります。

たとえば資料を作って欲しいと上司が部下に依頼したとしましょう。以前であれば、多くの大企業では上司が「資料が欲しいから手分けして作ってくれ」と、部下に丸投げします。すると、優秀な部下数人が手分けして資料を仕上げて上司に渡していました。上司からすれば、誰がどの部分に関わったのかが分かりません。ところが、テレワークが普及すると、出来の良い資料を作ったのは誰かが、上司の目にもはっきりと分かってしまいます。

あるいは、ビデオ会議では発言内容がそのまま評価の対象になります。積極的に良い発言をした人は高い評価が得られますが、会議に参加しているだけで何の発言もせず、あるいは発言内容に何の価値もないような人は、そのうち会議にも招集されなくなります。

「チームワーク」の名のもとに覆い隠されてきた、能力がある人とない人、成果を出す人とやったフリをしているだけの人の違いが、テレワークによって可視化されるようになるのです。

結果、上司におべっかを使っているだけのゴマすり人間は、全く評価されなくなります。上司のなかには、自分にすり寄ってくる人間を重用する情実人事を行う人もいますが、テレワークが浸透すればこの手の情実人事は一切通用しなくなります。

また上司の能力も分かりやすくなります。たとえば資料の作成ひとつとっても、今までのように部下へ丸投げできないので、上司は最終の仕上がり状態をイメージしたうえで、部下一人ひとりに業務を振り分ける必要があります。すでに部下の能力は見えているはずですから、適材適所で仕事を上手に振り分ける能力が、今まで以上に求められるようになります。

時間給は時代遅れの考え方

このようにテレワークが広がることによって、出社して働いた時間を前提とする日本型の雇用制度が変わり始めます。具体的には大企業を中心に、時間給から成果給に切り替えるところが増えてくるでしょう。その判断が早い企業ほど、競争力が高りますし、切り替えられた企業と切り替えられなかった企業の間で二極化が進みます。

日本の賃金制度の基礎となってきたのは、戦後間もない１９４７年に施行された、労働時間や賃金の制度を定める労働基準法ですが、この法律は、働く時間と生産量が比例する工場労働を前提としています。工場労働においては働いた時間が賃金を決めるための物差しであり、その正確な把握が必要不可欠でした。その結果、長時間労働を美徳とする企業文化が生まれたのです。

ところがデジタル化が進み産業構造が変化したことで、働いた時間と成果が比例しない仕事が急増しています。そのため定型作業を除けば、労働時間を賃金算定の基準にすることは理にかなわなくなり、時間管理の意味は薄れてきました。

仕事の評価が時間から成果に変わると、能力の高い人は短時間で仕事を終え、空いた時間を副業や勉強に充てるようになり、さらに能力が向上します。当然、個々の社員の給料とスキルの二極化は今まで以上に進むでしょう。

格差は生じるものの、年功による格差と成果による格差のどちらがフェアで居心地が良いでしょうか。

今の20代、30代は実力主義を重んじる傾向が強いので、すんなり受け入れるでしょう。とりわけ女性にとって、これまでは長時間労働がネックでした。家事、育児をこなさなければならないため、極めて高いスキルを持っているにもかかわらずパートタイムの仕事しか出来ず、正当な評価を受けられない女性は大勢いたはずです。労働時間ではなく成果で評価されるようになれば、女性の社会的地位は間違いなく上がります。

テレワークを導入する企業が増えれば、成果給とジョブ型雇用が一般的になるでしょう。ジョブ型雇用とは、職務を明確に規定し成果を評価しやすくする雇用制度のことで、時間ベースで管理しにくい在宅勤務と相性が良いとされます。

ジョブ型雇用には「ジョブディスクリプション（職務規定書）」が必要不可欠です。ジョブディスクリプションは具体的な業務内容や責任範囲、求められるスキルや技能、目的、資格などの項目が並ぶチェックリストです。

このチェックリストにそって、個々のポストに最適な人材を配置し、生産性を高められるというメリットがあります。それと同時に、ポストにふさわしい人材かどうか、成果を達成したかどうかなどが判断しやすくなり、ポストごとに報酬水準が変わってきます。

テレワークへの移行とジョブ型雇用の導入を進めている大手企業の実例について、簡単に触れておきます。

【カルビー】

コロナ禍で本社勤務のほぼ全員がテレワークに迅速に移行しました。迅速に出来たのは従来から成果主義の給与体系を取り入れてきたからです。2009年に給与制度を改革し、2014年に在宅勤務を制度化しました。働く場所や時間は社員の自由であり、成果の多寡で給与を決めています。いち早く、働く「量」ではなく「質」を評価する仕組みへと切り替えていたのです。今では勤務必須の時間帯であるコアタイムの撤廃、在宅勤務手当の支給、単身赴任の解消にも着手しました。「オフィスにいても消費者を喜ばせるアイデアは出てこない。自宅で家族と過ごし、店舗を見て回ることが大切だ」という考えに基づいています。

【日立製作所】

国内約3万1000人を対象にジョブ型雇用を本格的に導入しています。2008年からジョブ型雇用への下準備をしてきました。グローバル人材の獲得には日本型雇用からの脱皮が必要と判断したからです。

【富士通】

国内のオフィスを2022年度末までに半減し、出社を前提とした働き方を変える予定です。テレワークで適切な人事評価が出来る仕組みとして、国内の課長職約1万5000ポストを対象にジョブ型雇用を開始しました。富士通では約1万5000ポストを9つの評価水準に分類し、各水準間では月給で5万~10万円の差が出ます。それと同時に、好きな時間帯に働ける「スーパーフレックス制度」の対象を一部社員から国内グループの全社員に拡大し、在宅勤務や出張で対応できる単身赴任者を解消していく方針です。

【資生堂】

管理職では2020年1月に導入済みの「ジョブ型」の対象を広げ、2021年1月から約8000人のオフィス勤務の一般社員をジョブ型雇用に移行します。遠隔でも職務に基づく評価がしやすくなります。

【リコー】

工場での在宅勤務比率を3割以上にしています。ロボットによる生産の効率化や、遠隔での生産管理などIT化を進め、本社だけでなく製造拠点でも感染リスクを減らしています。

【住友不動産】

新築の分譲マンションのオンライン見学会を実施しています。顧客はモデルルームを訪れることなく、ウェブ上で物件紹介や周辺環境の情報、モデルルームの撮影動画を視聴し、販売スタッフと住宅ローンの相談が出来、契約書や鍵の引き渡しも郵送で行えるように体制を整えました。

【BMWジャパン】

大半の車種を対象にネット販売を始めました。車の検索から納車までをオンラインで完結でき、商品説明などの接客はビデオ会議で応じています。

テレワーク普及を妨げるもの

米国では、ＣＯＶＩＤ‐19の感染拡大が顕著になった２０２０年3月に入り、グーグルやフェイスブックなどのＩＴ大手が、従業員に在宅勤務を勧めるようになりました。現状はシリコンバレーの多くの企業が原則在宅業務に切り替わり、朝夕の道路渋滞が解消されました。

各社が一気に舵を切れたのは、ビデオ会議やクラウドを介した書類の共有を既に日常的に行っていたからです。以前から遠隔地の従業員と働くための基本的なインフラが整っており、ツールの使い方をめぐる混乱はありませんでした。

総務省によると、日本のテレワーク制度を導入した企業の割合は２０１８年時点で19・１％であり、85％の米国、38％のイギリスに比べ、まだ低い状態でした。デジタル化とテレワークの遅れが、日本の生産性の低さの一因であると考えられます。

有力企業は当初、感染回避を目的にしてテレワークを導入しましたが、長時間通勤から解放される、あるいは仕事に集中できるといった効果が徐々に表れ、生産性を向上させています。

その一方で、テレワークに対して否定的な考え方もあります。

人が集まる場には、その場の雰囲気や微妙なニュアンスの伝達、創造的な発想を生む雑談、物理的な触れ合いがもたらすぬくもりや安心感など、デジタル技術で代替できない価値があるのも事実です。

そこに限界を感じ、業務の生産性が落ちてしまうと判断して、パンデミックが収束した暁には元の働き方に戻すと決めた企業もあります。

また「職場に行かないと資料を見られない」、「通信環境が悪い」などを理由に生産性が落ちたと答える人が結構大勢います。しかし、書類探しや閲覧のためにオフィスに通う必要はありません。書類をクラウド上で共有すれば問題は解決します。ペーパーレスがテレワークの基盤であると言っても良いでしょう。

そのうえでテレワークが機能するポイントは、普段から誰が何の仕事をしているか可視化することです。情報共有を徹底し、多様な働き方を認めることによってモチベーションが高まりますし、離職率も低下します。

この流れに逆行し、完全に元に戻すような企業は競争力を強化できないと思います。というのも、たやすくテレワーク以前の働き方に戻せるような企業は、既存の仕事をテレワークに転換したに過ぎないからです。

テレワークはデジタル技術を活用しつつ、仕事のやり方や人の評価軸を変えて生産性の向上を図るように工夫して初めて、本来の効果が得られます。そこさえ間違えなければ、テレワークでも上司と部下の関係性は深まりますし、オフィスで顔を合わせることだけがコミュニケーションだという考え方が間違っていることに気付くでしょう。

ただ、1点だけ私が気になることを挙げておきたいと思います。誰もがテレワークで仕事が出来るようにするためには、通信環境の整備が必要不可欠です。たとえば、これは私が住んでいるマンションもそうなのですが、マンション全体で加入しているネットワークを使うしかないため、通信速度が遅いネットワークだと不便さを感じるところがどうしても出てしまいます。

あるいは地方に行くと、インターネットのインフラそのものが整っていないところもあります。地方分散によって、どこでもテレワークで仕事が出来るようにするためには、それこそ日本全国の通信環境を整える必要があります。

また、自分の仕事部屋を持っていれば良いのですが、日本の住宅事情を考えると、そうもいきません。たとえば両親が共働きでテレワークをし、さらに2人いる子供が全員リモートで授業を受けるなどということになった時、果たして各人が独立した部屋で仕事や勉強が出来るのかという問題もあります。

この点については、社員が自宅から短時間で移動できる場所にテレワークのための環境が整った施設を企業が整備すれば、問題は簡単に解決するはずです。

東京一極集中時代の終わり

テレワークが浸透すると、東京一極集中の流れに歯止めがかかり、やがて本格的な地方分散の時代を迎えるでしょう。

東京への人口集中は近代化に伴い、19世紀末から本格化しました。第二次世界大戦中とバブル崩壊後の一時期を除けば、ほぼすべての期間において地方から東京圏への転入超過が続いています。

人口移動は所得や雇用に大きく左右されます。誰も所得水準が低く、雇用の少ないところで生活したいとは思いません。やはり所得水準が高く、雇用もたくさんあるところでの生活を望みます。東京が19世紀以降、ほぼすべての期間において人口が流入し続けたのは、東京に行けばより多く稼げる仕事がたくさんあると、誰もが考えたからです。

人が大勢集まるところにはビジネスチャンスがあります。そのため多くの企業が東京に拠点を構えました。

２０２０年10月時点の上場企業本社数が全国で３８５８あるうち、東京都に本社を置いている企業が１９８８で51・６％を占めています。それに次いで大阪府が上場企業本社数４３６で11・３％、愛知県が２２２で５・８％ですから、いかに東京に本社を構える上場企業が多いか、お分かりいただけると思います。また２００４年から２０１５年までの本社の増減率を見ると、東京をはじめとする首都圏が５・３２％の増

都道府県別の上場企業数トップ10

順位	都道府県	上場企業数	人口
1	東京都	1,988	13,740,732
2	大阪府	436	8,848,998
3	愛知県	222	7,565,309
4	神奈川県	178	9,189,521
5	兵庫県	121	5,570,618
6	福岡県	85	5,131,305
7	埼玉県	76	7,377,288
8	京都府	70	2,555,068
9	北海道	53	5,304,413
10	千葉県	52	6,311,190

※2020年10月。上場企業サーチ

加だったのに対し、大阪など近畿圏は5・20％の減少でした。近畿圏には大阪という一大経済圏があるのにもかかわらず、近年の人口移動の傾向は、近畿圏から首都圏にシフトする動きが鮮明になっていたのです。

このように地方から東京へと企業が拠点を移すようになると、それに伴って人も動きますし、地方では雇用する力が減退するため、特に若い人を中心にして東京に拠点を置く企業への就職を希望するようになります。それらの結果、ますます地方では人口減少が、東京では人口増加が加速します。

実際、東京都の人口推移を見ると、一貫

東京都の人口推移

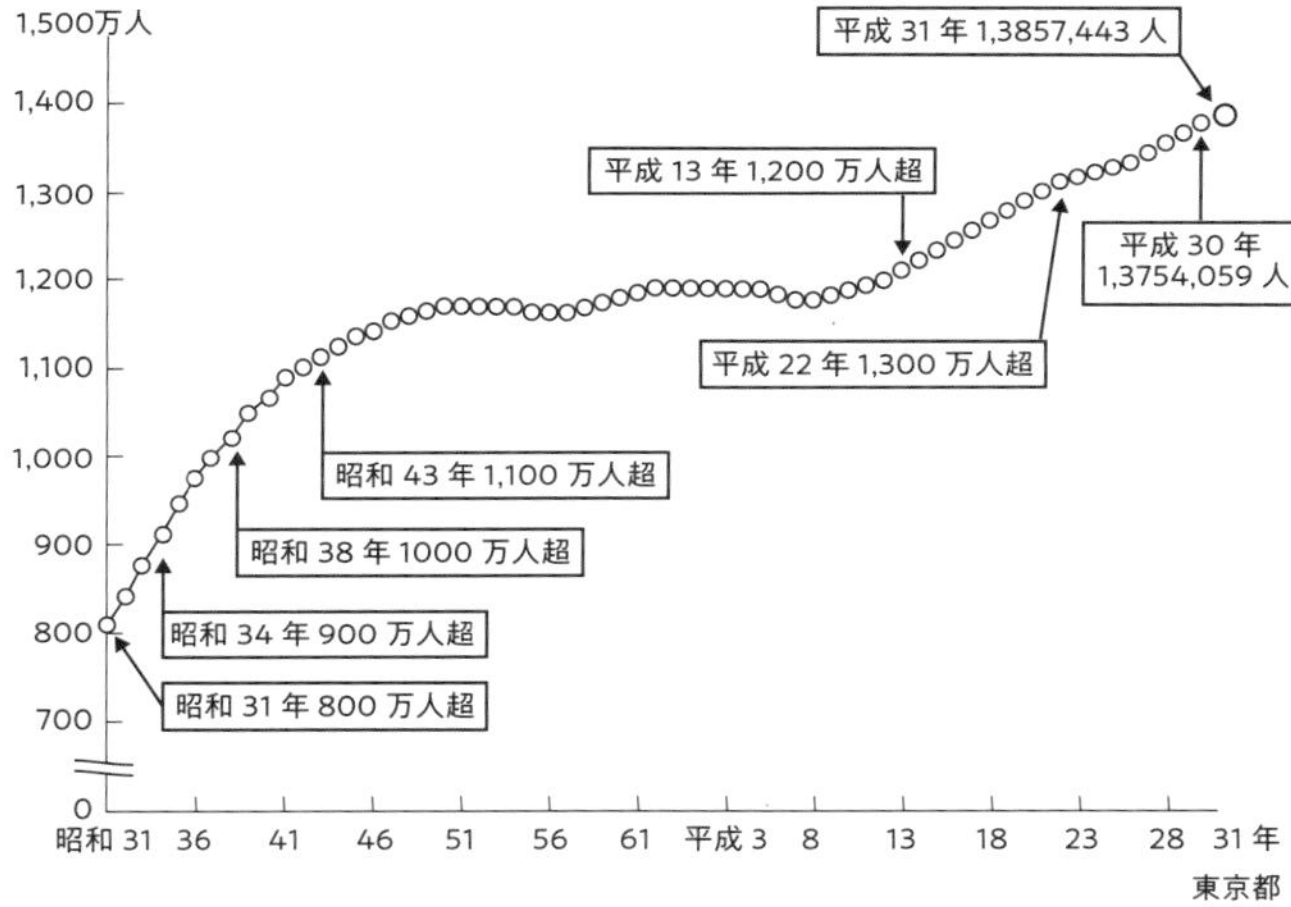

して増加傾向をたどっています。２０２０年９月１日時点の東京都の総人口は約１３９８万人で、これは全国の総人口の約11％を占めています。

このように、都市に人が集まるという傾向は、日本だけに特徴的に見られることではありません。他の国も同様です。国際連合によると、１９５０年には30％に過ぎなかった都市部人口が２０１８年時点では約55％まで増加しており、２０５０年には68％に達すると予測しています。

東京のように特定の都市に人口が集中的に流入すると、そこに感染症が入り込んだ時、人から人へと感染が拡大し、パンデミックを引き起こしやすくなります。人口密度が高い都市ほど、このリスクが高まります。

前述したように、地球温暖化によって未知のウイルスが蔓延するなど「ウィズ感染症」の時代を迎えるにあたって、私たちはパンデミックを引き起こさないようにするため、知恵を絞る必要があります。

一番良いのは、首都圏人口を減らすことに尽きるわけですが、これまでそれが出来なかったのは、東京に企業が集中していて、就労人口が非常に多かったからです。本社を地方に移転させるには、まず何よりも企業にコスト負担がかかります。「東京に本社がある」というブランド意識を捨てることへの抵抗感や、取引先との距離が離れること、あるいはホットな情報が入りにくくなることなどもあり、「地方への本社移転は理想だが、これらの諸事情を考慮すると難しい」と考えられてきました。

そこに大きな風穴を開けたのがCOVID‐19のパンデミックでした。企業が本気になってテレワークを推進すれば、地方分散は着実に進むはずです。米国ではすでにニューヨークに住んでいる人が、都市部から郊外へと移動し始めているという話もあるくらいです。経済のデジタル化、仕事のオンライン化は、大都市から地方への人口の逆流を生み出すポテンシャルを秘めているのです。

企業が生産性を劇的に向上させると同時に、社会により貢献できる会社に進化するために、都心にある本社を地方に移転または分散させることは非常に有効な選択肢であると私は考えています。

地方に打って出る最先端企業

本社を地方へ移転または分散することで得られる第一の効果は、社員の大きな負担が減ることです。先にも都道府県別の平日の通勤時間について、神奈川県が1時間45分と最も長く、次いで千葉県が1時間42分、埼玉県が1時間36分、東京都が1時間34分で、全国平均の1時間19分と比べると、東京圏の通勤時間がいかに長いかについて触れました。オフィスが地方、あるいは東京圏である神奈川県や埼玉県、千葉県などに分散すれば、多くの社員は通勤地獄から解放されます。通勤で体力を消耗することもなく、最初から仕事に集中できるというメリットも軽視できません。当然ですが、仕事における生産性を高めながら、残業時間も減らすことが出来ます。

第二の効果は社員の感性が豊かになることです。感性を豊かにするためには、自然と触れ合う時間をつくることが効果的な方法のひとつです。日課として近所の公園を散歩するだけでも、ＩＴ機器では触れることが出来ない情報を五感から大量にインプットできます。普段から自然が豊かな環境で生活していれば、感性がいっそう豊かになり、創造性や独創性を鍛えることにもつながるでしょう。

この第二の効果については実例があります。長野県諏訪市に本社を構えるセイコーエプソンです。この会社が地球の環境に配慮した画期的な製品を開発し続けることが出来るのは、豊かな自然環境のもとで感性が磨かれることで、創造性や研究開発力が高まっていると考えられるからです。同社の社員が長野に６０００人もいるのに、東京のオフィスには１００人もいないというのは、日頃から創造性が求められている会社として極めて合理的な体制であると言えます。

日本最大手の無線通信メーカーである日本無線は、２０１４年に研究開発拠点を東

長野県諏訪市のセイコーエプソン本社

京の三鷹市から長野県長野市に移転させましたし、ＬＥＤで有名な日亜化学工業も２０１５年に長野県下諏訪町に研究開発拠点を移転しています。両社が長野を選んだ主な理由は、豊かな自然環境のもとでモチベーションや創造性が高まり、研究開発力の向上が期待できるからだそうです。

社員が地方の生活に満足できるのかといった点を不安視する声もありますが、少なくとも日本無線や日亜化学工業の事例では、そうした不安は杞憂であり、社員の多くは生活環境が快適になって満足していると評価されています。

あるいは教育水準について考えた時、地

方は東京に比べて低いことを懸念する親もいますが、地方の教育水準が低いというのは誤解です。子供の学力はどこに住んでいるか、ではなく、どちらかというと親の所得水準に左右される傾向の方が強いのです。

ある程度の所得がある大企業の社員であれば、子どもの教育水準についてそれほど心配する必要はありません。それに、これからはリモートで勉強することも可能になるので、東京の有名な進学塾の授業を、地方でも簡単に受けられるようになるはずです。やる気さえあれば、地方と東京の学力格差は、むしろ解消へと向かうでしょう。

実は２０１８年にヤフーの宮坂学会長（当時）とお話しする機会があった際、以上のような考えを、かいつまんで提案したことがあります。「僕は利益を増やすだけでなく、社員が幸せになる会社をつくりたい」と目標をおっしゃっていた宮坂会長は、私の考えに賛意を示してくれたものの、２０１６年に本社を移転したばかりであり、状況的には難しいというニュアンスの話をされていました。

宮坂会長自身も登山が趣味であり、自然との触れ合いが感性を豊かにすることを認識しているため、社員には同年から月額15万円を上限とする新幹線手当を支給するなどして、地方に住むことを勧めているということでした。さらに最近のニュースでは、2020年10月1日から、ほぼ全社員がテレワークに移行するとのことです。

日本では働く人々の5割以上が仕事にストレスを感じ、3割以上が仕事に疲れているといわれています。働く人々のいくつもの負担を軽減し、仕事にも生活にも幸せを感じる人々を増やすことが出来れば、日本はもっと明るい社会になるはずです。

新型コロナ以前からあった明るい兆しとして、有望なベンチャー企業の若手経営者のなかに、地方に移転するメリットを意識し始めている人たちが増えてきたことがあります。地方での働きやすさや生活のしやすさに着目し、社員の幸せと生産性の向上の両立が出来ると考え始めているのです。

それに加えて、新型コロナによる働き方の変化によって、企業のオフィスに対する考え方も変わりつつあります。実際に、都心のオフィスを縮小したり、解約したりする動きも出てきています。社会の隅々までＩＴやＡＩなどデジタルが普及していく世界では、企業が以前ほど東京にこだわる必然性がなくなってきているので、本社機能の地方への移転・分散需要は確実に増えていくでしょう。

感染症に対して抵抗力を持っているのは、人口が集中していない地方です。東京一極集中のリスクを直視し、地方に人を分散させる方向に舵を切る動きが、これからどんどん表面化していきます。テレワークは地方への人口移動を促します。今までは通勤時間を短くするため、なかには親から借金してまで都心のマンションを購入する人もいましたが、これからはより自然が多く、環境の良い郊外、あるいは地方に住むというライフスタイルが注目されるようになるはずです。

大都市圏の地価は下落基調に

日本の地価は１９９１年までのバブルを頂点として、大幅に下落しました。東京都の地価公示価格の推移を見ると、１９９１年は1平方メートルあたり２５９万９１８７円だったのが、２００１年は62万１２４１円まで下がり、ピーク時に比べて４分の１になりました。まさに不動産バブルの崩壊です。

それからしばらく低迷が続きましたが、リーマンショックの直前にかけて回復基調をたどり、２００８年は１０２万６８５９円になり、リーマンショックで調整したものの、再び回復基調をたどり、２０１９年の地価公示価格は1平方メートルあたり１０９万６４４５円になりました。さすがにバブルピークの地価は異常でしたが、バブル崩壊後のどん底に比べれば、今の東京の不動産価格はかなり回復してきたと言えるでしょう。

日本の地価は、東京をはじめとする大都市圏の地価がけん引役となって、回復基調をたどってきました。２０１９年の地価公示価格を前年比で伸び率の高いところから見ていくと、次のようになります。

宮城県……………８・０１％
東京都……………７・４５％
大阪府……………７・３１％
福岡県……………６・８２％
北海道……………５・０８％

京都府…………4・85％
愛知県…………4・75％

それ以外に対前年比で上昇している県は13県だけです。逆に対前年比でマイナスになった県は24県もありました。まさに大都市圏の地価上昇が、日本全国の地価上昇を支えてきたのです。

しかし、COVID‐19が全国規模で蔓延してからは徐々に状況が変わってきました。中央区や千代田区、港区に比べて、新宿区や渋谷区のオフィス賃料が下がり始めているのです。特に渋谷区はIT企業が多数、拠点を置いていましたが、感染が拡大すると素早く全社員を対象にテレワークを実施しました。なかにはオフィスの規模を大幅に縮小したり、渋谷から撤退したりした企業も少なくないと聞いています。

今、渋谷で起こっていることは、遅かれ早かれ大企業が本社を置いている千代田区や中央区、港区でも起こると思われます。

企業はウィズ感染症の時代に適応するため、これまで本書で幾度となく触れてきたテレワークの導入をさらに進めていくでしょう。結果、オフィスビルに対する需要は、東京23区のなかでも特に法人需要が高いと思われる千代田区、中央区、港区、新宿区、渋谷区を中心に後退するものと思われます。

ところがすでに計画が進行中の再開発がたくさんあるのも、これらの地域なのです。たとえば渋谷では、「渋谷スクランブルスクエア」の東棟が２０１９年11月に開業。地上47階建てという威容を見せましたが、これは渋谷再開発事業の一部に過ぎず、この計画の全体が完成するのは２０２７年です。

品川エリアでは、山手線において約50年ぶりの新駅である「高輪ゲートウェイ駅」が開業しましたが、この駅を中心にした大規模再開発プロジェクトが行われ、２０２４年には超高層ビル４棟と、大型低層ビル１棟が完成を目指しています。

虎ノ門エリアでも「虎ノ門ヒルズステーションタワー」をはじめとして、虎ノ門２丁目に２棟の超高層ビルが建設されますし、東京駅周辺では八重洲から日本橋、茅場町にかけて再開発事業が進められており、２０２７年には高さで日本一になる超高層ビルが完成します。

再開発が進む渋谷駅周辺（時事）

このように再開発の動きはまだまだ続き、それに伴ってオフィスが大量に供給されます。そうであるにもかかわらず、テレワークによってオフィス需要が今までよりも後退したら、オフィス賃料が大きく下落する恐れが出てきます。

大都市圏の地価は、恐らく次のようになると考えています。

【大都市圏のオフィス賃料】

理由は前述した通りで、ここしばらくはオフィスビルの供給過多によって賃料は下落すると思われます。

【大都市圏の小売店・飲食店の賃料】

テレワークで大都市圏に出てくる人の数が減少するため、モノを買う、あるいは外食するというニーズが冷え込み、賃料は下落すると予想されます。実際、オフィス街にある飲食店は、かつてはランチ時間になるとなかなか入れず、「ランチ難民」などという言葉も生まれるくらいでした。しかしテレワークの普及に伴って出社する社員数が減ったため、待ち時間なしで入れるお店が増えました。

【大都市圏の住宅（マンション）価格】

今後、東京などの大都市圏に本社機能を集中させていた企業が地方に機能分散を進めたり、あるいはテレワークを積極的に導入したりすれば、通勤時間を少しでも短くするため、大都市圏にマンションなど住宅を購入する動きが後退し、その不動産価格は下落します。一方で郊外の一軒家などは底堅く推移するでしょう。

第5章

格差の拡大をデジタル化が是正する

Chz_mhOng/Shutterstock.com

持てる者と持たざる者との格差拡大

これからは日本のさまざまなところで「格差」の拡大を目の当たりにすることになるのだろうと思います。

第4章の冒頭で、働き方が大きく変わることに触れました。テレワークが当たり前になれば、能力の高い人は早めに仕事を終わらせ、1日のうち自由に使える時間を捻出してスキルアップのための勉強に励むとか、副業でさらに稼ぐといったことに使って、より豊かな生活を手に入れることが出来るでしょう。

副業と言ってもウーバーイーツのように自分が動いて配達件数ベースで稼ぐのではなく、たとえば自分の趣味やスキルを活用して起業し、会社員として得ている以上の収入を実現するような人も増えてくるはずです。

一方、上司の目がないのを良いことにして、適当にさぼりながら仕事をする人も出てくるでしょう。そういう人たちはどんどん置いていかれます。テレワークによって徹底的な実力主義が求められますから、この手の人間は会社にとって不要であると見なされて、クビになることも十分に考えられます。

結果、何もスキルを持たない人たちはどんどん収入が減り、高い能力がある人との所得格差は、恐らく露骨なまでに広がっていくはずです。

所得格差が絶望的なまでに広がっているのが米国です。米国では上位１％の富裕層が国全体の所得の20％を得ています。40年前は上位１％の富裕層が国全体の所得の10％を得ていましたから、この40年間でさらに貧富の差が拡大したことになります。

米国で富裕層の収入が増えて格差が広がり始めたのは、80年代のレーガン政権下で行われた減税の影響が大きいと考えられます。個人所得税の最高税率を段階的に70％から50％まで大胆に引き下げました。

結果的に富裕層がより貪欲になり、企業はさらに利益を上げるために従業員の賃金を抑えることとすらするようになりました。１９８０年以降、下位50％の人々の実質収入の伸びは停滞しています。

新型コロナでより太る米国富裕層

問題なのは富裕層の実効税率が、今では全体平均よりも低いことです。富裕層の収入の大半は株式の譲渡益や配当ですが、その所得税率は平均23％と、年収５万～10万ドルの労働者の平均税率28％より低く抑えられているのです。

そのうえ、トランプ政権の大型減税で、法人税率は35％から21％に引き下げられ、企業の課税負担そのものも減っています。企業は課税負担が減った分、利益が増えたので株価が上昇し、配当も増やしています。結果、富裕層と一般の人々の貧富の格差は、絶望的なまでに広がってしまいました。

富裕層にとって有利なのは税制だけではありません。富裕層の大半は大企業のオーナーですから、自社の株式を保有しています。もちろん、自社のみならず自分の個人資産の一部としてさまざまな企業の株式も保有しているでしょう。こうした企業の株価が、パンデミックにもかかわらず上昇傾向をたどっています。

確かに一時はコロナショックによって、米国の株価が大きく下落しましたが、あっという間に回復傾向をたどり、S&P500やNASDAQ指数などが、軒並み過去最高値を更新してきました。当然、こうした企業の株式を大量に保有している富裕層の人たちは、保有株式の評価益がどんどん増えていきますから、さらにお金持ちになっていくわけです。

なぜ実体経済が失速しているのに株価が最高値を更新し続けたのか？　その背景にあるのが政策です。COVID-19の感染拡大で経済活動に足かせをはめられたため、米国政府は積極的な財政政策を、中央銀行は量的金融緩和を拡大しました。つまりお金をどんどん刷って市中にばらまいたのです。

量的金融緩和を積極的に行えば、余ったお金が行き場を失い、株式市場や不動産市場、あるいはコモディティ市場に流入します。現実に株価が最高値を更新するのと同時に、金価格も物凄い勢いで上昇しました。結果、さまざまな資産を持っている「持てる者」がどんどん富む一方、日々食べることに精一杯で株式投資や不動産投資をする余裕が全くない大部分の人々との格差が、どんどん広がったのです。

米国の住宅販売にも、貧富の差が顕著に出ました。コロナ禍で大勢の人が生活苦に陥るなか、5、6、7月の新築一戸建て住宅販売件数が2ケタの伸びを見せたのです。これは2006年12月以来の高水準で、あのサブプライムショック以前に起こっていた住宅バブルの水準と同じでした。コロナ禍によって住宅市況が活況を呈したのです。

積極的に住宅を購入したのは、中間層より裕福な人たちでした。これまでニューヨークの中心部で生活していたのが、コロナ禍の影響で少しでも感染リスクを下げるため、人込みが少ない郊外に生活の拠点を移したのです。経済的に豊かな状況にある人たちは、今回のコロナ禍でもそれほど大きなダメージは受けませんでした。その一方で、低所得者層・中間層では家賃を払えない、住宅ローンを延滞しているというケースが激増しています。

他にもさまざまな面で格差問題が露わになりました。第3章でも触れましたが、米国では国民皆保険制度がなく、しかも医療費が極めて高額です。非正規雇用者やフリーランスで健康保険に加入できていない人たちの場合、自分ではどうにもしようがなくなるまで病院に行こうとしません。

傾向的に白人よりも黒人やヒスパニックにCOVID-19の感染者が多いのは、黒人やヒスパニックの多くが、小売りの店員やホテルのメイド、運転手、配達員、清掃員など、常に不特定多数の人々と接触せざるを得ない職業に従事しているからです。たとえば、ニューヨークでバスの運転手や地下鉄職員など公共交通の労働者の60％は、黒人とヒスパニックで占められています。

日本でも富裕層は有利に

米国では感染拡大によって貧富の差が広がりましたが、これは決して対岸の火事ではありません。日本でもこれから同じような事態が現実になることが十分に考えられます。

現に株式市場では、すでに持てる者が物凄い額の利益を手にしています。

自民党が民主党から政権を奪取して、第二次安倍内閣が発足したのが２０１２年末でした。そこから安倍前首相が退陣した２０２０年までの約8年間で、この日本では誰が一番資産を増やしたでしょうか。

ユニクロブランドを国内外で展開している、株式会社ファーストリテイリングのCEOを務める柳井正氏こそが、その人です。その次がソフトバンクグループCEOの孫正義氏でしょう。「フォーブス」によると、柳井氏は8692億円だった資産を2兆7670億円に増やし、孫氏は5658億円だった資産を2兆6670億円に増やしています。

2人ともオーナー経営者ですから、自社の株式を大量に保有しています。柳井正氏のファーストリテイリングの持ち株比率は20・78％で2203万7000株です。またソフトバンクグループの孫正義氏の持ち株比率は21・03％で4億3940万9000株です。両社とも企業収益の伸びに比べて株価が大きく伸びたのは、「質的・量的金融緩和」の名のもとに、日本銀行がETF（上場投資信託）を対象としたインデックス投資を通じて、両社の株式を大量に保有しているからです。

ファーストリテイリングとソフトバンクグループは、1部上場全銘柄を構成銘柄とする東証株価指数（TOPIX）はもちろんのこと、日経225平均株価の構成銘柄でもあります。そのため、日本銀行が市中に資金を供給する目的で質的・量的金融緩和を実施する際に、ＴＯＰＩＸや日経２２５平均株価に連動するＥＴＦを買い入れると、間接的にファーストリテイリングやソフトバンクグループの株式を保有する形になるのです。

つまり柳井正氏と孫正義氏は、アベノミクスが行われていた約８年間、政府の政策によって私財を実績以上に増やしたと見ることも出来るのです。

当然、一方にはこうした恩恵にあずかることが出来ない大勢の一般人がいるわけで、日本でも米国ほど露骨ではないにしても、徐々に持てる者と持たざる者との格差が開いてきていると言えます。

ダメージが大きい3業種

そのうえ、日本はアベノミクスが行われている間、国民の実質賃金は低下傾向をたどりました。実質賃金とは名目賃金から物価上昇分を差し引いたものです。日本の消費者物価指数はこの間、政府目標としていた年２％の物価上昇率は達成できなかったものの、ジワジワと上昇し続ける一方、賃金がほとんど増えることなく推移したため、実質的に受け取った賃金は低下せざるを得ない状況でした。

加えて、消費税の増税も行われました。この状況が将来的に、劇的に改善するという保証はどこにもないので、下手をすればまだこの先も実質賃金は低下していく恐れがあります。このように持てる資産がなく、かつ毎月の賃金も目減りしていく状況に置かれている人はどんどん生活が苦しくなる一方、株式や不動産などの資産を持っている人はますます豊かになるという現象は、日本でも顕在化しつつあるのです。

特に今回の感染拡大で、最も経済的なしわ寄せを受けたのは、非正規・低賃金の人たちでした。これは国税庁の統計を見れば明らかです。業種別の平均賃金を見ると、最も高いのがガスや電力といった公共セクターで、次が金融、三番目に製造業が来て、最も平均賃金が安いのはサービス業です。特に小売業や飲食業、ホテルなどの宿泊業は、最も低い水準にあります。

これは日本だけでなく米国でも、あるいは他の国でも同じですが、感染が拡大していくなかで営業自粛を強要され、最も収益面でダメージを受けたのが、小売業や飲食業、宿泊業でした。

小売業はｅコマースに取って代わられており、今後、感染症拡大が落ち着いたとしても、家から端末で簡単に注文を出すことが出来て品物が翌日に届くという便利さに慣れてしまった人々は、恐らくｅコマースを使い続けるでしょう。

飲食店はソーシャルディスタンスで席を間引いて営業をしているため、毎日の売上がガタ落ちになっています。深夜営業は緩和されましたが、なかなか客足は戻りません。そんな状況でアルバイト店員は辞めさせられ、非正規社員は自宅待機を強いられています。

もちろん自宅待機でも給料は発生しますが、労働基準法では通常の６割を払えば良いということになっているので、かなり給料が目減りしているはずです。完全な失業者ではないにしても、仕事がなく、給料が通常に比べて大幅に減らされた、いわゆる「隠れ失業者」が相当程度いると思われます。

非正規雇用者は小泉政権のもとで解禁され、アベノミクスが進められるなかで大幅に増えました。２０１９年における日本の雇用者数は、役員を除くと約５６６０万人で、このうち非正規の職員・従業員は約２１６５万人にも達しています。

仮にＣＯＶＩＤ-19の感染拡大が一段落したとしても、地球温暖化が進むなか、世界中で未知の感染症が広がる恐れがあります。そうなれば、今回と同じく外出制限、営業自粛が繰り返され、アルバイトや非正規社員といった経済的な弱者は、再び厳しい状況に追い込まれる恐れがあるのです。

デジタル化が経済的格差を是正する

「貧困は連鎖する」と言われます。

２人以上の世帯に関する統計によれば、家計を担う親が非正規で働いている場合、所得や消費の水準は低く、その子供も成人した時に、非正規として働く確率が高くなる傾向があります。

昔は苦学して一流の大学に入り、実社会で立身出世を果たしていくのが美談として語られてきましたが、今の時代にはあまり通用しなさそうです。教育社会学者の舞田敏彦氏の調査によると、東京大学に通う学生の親の世帯年収は、54・8％が950万円以上であり、世帯年収が350万円未満の家庭の子供で東京大学に通っている人は、全体の3・5％に過ぎないとされています。

もちろん「一流大学に入学すれば将来が約束され、豊かで幸せな生活が手に入る」と断言できるほど今の世の中は甘くありませんが、少なくとも親はそう考えていますし、そうなる確率は学歴が低い人たちに比べて高くなります。

だから親は子供に少しでも良い教育を施そうとするわけですが、そのためにはかなりお金がかかるのも事実です。幼少の頃から習い事をさせ、幼稚園から一流大学の付属に入れる人もいるでしょうし、中学受験のために高い月謝を払って有名な塾に入れる家庭もあります。それだけの教育費を子供にかけられるのは、生活に余裕がある証拠です。

つまり、親がお金持ちの家庭の子供はより良い教育を受けるチャンスに恵まれ、その結果として子供も親と同様、社会の成功者として豊かな生活を手に出来る可能性が高まるのです。

逆の観点から見れば、生活に余裕のない家庭に育った子供は、より良い教育を受けるチャンスに恵まれず、親と同様に貧困を引きずってしまうという厳しい現実があります。

しかし、これからは違うかも知れません。子供に学ぶ気があれば、たとえ世帯年収が低い家庭だったとしても、より良い教育を受けられるチャンスに恵まれるかも知れないのです。

それを可能にするのが教育のデジタル化です。

デジタル化で教育の概念が変わる

教育のデジタル化によってオンライン教育が実現すると、教育の概念が根底から大きく変わります。オンライン教育によって可能になることはたくさんあります。教室の人数制限がないので、誰でも授業を受けられるようになります。より具体的に言うと、入学試験などの選抜を行うことなく、日本中の希望する人に教育を受ける機会を提供できます。

場所の制約も受けないので、遠隔地の人でもコストをかけずに対等に参加できます。たとえば、社会人が育児や介護と両立しながら授業を受けることも可能になります。大学側にしてみれば、もはや広大なキャンパスを用意する必要はなくなるかも知れません。

オンラインでも双方向性の強い授業を行おうとすれば、人数が無制限というわけにはいきませんが、チャット機能などを使えば講師へのリアルタイムな質問やフィードバックが可能になります。自動翻訳機能を使えば、外国人の講師でもおおよその意思疎通は出来ます。講師が黒板に書いたことをそのまま保存でき、ノートに写すことに時間を取られることもありません。よって復習がしやすくなり、学習効果の高い授業が実現します。

オンライン教育の進展は、今後の入試のあり方、入学の概念そのものを大きく変えていく可能性もあります。

考えられる展開としては、オンラインで幅広く講義を提供して受講者のすそ野を広げ、その講義で良い成績を残した受講者に対してのみキャンパスに来てもらい、少人数の選抜型授業に出る資格を与えるというものです。

日本の大学は入学が難しく、卒業は簡単と言われますが、この方法を採用すれば、門戸は誰にでも開いているものの、卒業するのが難しくなります。そうすれば、遊びとアルバイトのためだけに大学に行くなどというのは一切通用しなくなります。結果、大学生の学力が飛躍的に向上する効果も期待できます。

そして何よりも、親の経済力で子供の学歴が決まるなどという理不尽な現状を打破できるので、貧困の連鎖を断ち切ることが出来ます。誰にでもチャンスが与えられるのが当たり前になれば、活気に満ちた世の中になっていくでしょう。

確かに、オンラインをうまく活用する人と活用しない人の格差が生じやすい状況になるかも知れませんが、本人のやる気次第では以前よりも逆転が可能になります。その意味では公平な社会になっていく可能性が高いと思われます。

日本が先進国からこぼれ落ちる⁉

ウィズ感染症の時代において、人々が未知のウイルスと共存しつつ、社会の活力を維持していくためには、「デジタル革命」が大きな鍵を握ることになるでしょう。

中世の欧州で大流行し大勢の死者を出したペストは、封建制度を崩壊させ、当時の世の中を大きく変えるだけのインパクトを持っていましたが、ＣＯＶＩＤ‐19に関しては（欧州を中心にして大勢の方が亡くなった点については哀悼の意を表しますが）、ペストのように欧州人口の３分の１が亡くなったというほどではありません。したがって資本主義や民主主義が根底から変わるということにはならないでしょう。

ただ、経済や社会、企業活動の仕組みはある程度変わると思います。

中国のＩＴ企業が急成長した背景には、２００３年のＳＡＲＳによる巣ごもり消費がありました。具体的には電子商取引（ＥＣ）が普及するきっかけになったのです。

たとえば、北京市の小さな光ディスク販売店が、ＳＡＲＳをきっかけにネット通販へ転業して京東集団（ＪＤドットコム）という一大企業に育ちました。ＳＡＲＳという恐ろしい感染症を経験したことで、中国はデジタル化を加速させ、非接触で経済が動く仕組みをいち早く築き上げたのです。

デジタル化が遅れていることが露呈してしまった日本は、この機会に変わらないと、本当にこの先、先進国からこぼれ落ちることになります。この期に及んでデジタル化を進められない企業は、間違いなく衰退していくでしょう。

今はCOVID‐19の感染拡大に注目が集まっていますが、将来的には他の感染症も懸念されるだけに、デジタル化による非接触社会を構築して不測の事態に対応できるようにしておくことが、これからの世の中に求められます。それを後押しする技術として5Gやその先にある6G、ブロックチェーン、AIなどがあり、デジタル技術を用いたオートメーション化への動きはさらに加速していくでしょう。

したがって今後、デジタル分野への投資がどんどん増えていくのは間違いありません。そのなかでビジネスの枠組みは大きく3つに分類されます。それは、ほとんどをオンライン化できる業態、オンライン化が困難な業態、そしてオンラインとリアルを組み合わせたハイブリッド型の業態です。

「出張」は死語になる？

完全に負け組に入るのが公共交通機関です。飛行機にしても鉄道にしても、現時点で稼働率が大幅に低下していますが、これは感染症拡大の問題が仮に解消したとしても、元の水準にはなかなか戻れないと思います。

すでに多くの人がzoomなどを用いたビデオ会議を経験し、その便利さを実感しています。わざわざ高い交通費と宿泊費、それに何よりも貴重な時間を割いてまで遠方に出張するというビジネスのスタイルは、完全に過去のものです。ましてや鉄道は、出張どころか日常業務もテレワークがどんどん浸透していきますので、平日日中の利用客数は減っていくはずです。

飛行機の場合、ファーストクラス、ビジネスクラス、プレミアムエコノミークラス、エコノミークラスというように、席のクラス分けがされているわけですが、このうち収益に貢献しているのはファーストクラスやビジネスクラスに正規料金で乗っている乗客と言われています。当然、その大半はビジネス用途ですから、企業の海外出張がオンラインによって減少すれば、飛行機の収益性が一気に悪化するのは目に見えています。

一時は民営化が進められた公共交通機関ですが、再び国営になる可能性も否定できません。実際、ＣＯＶＩＤ-19の感染拡大によって国境を越えた人の移動が大幅に制限された結果、航空会社の破綻が相次ぎました。

２０２０年4月にはオーストラリアで第2位の航空会社であるヴァージン・オーストラリアが、２０２０年5月にはタイ国際航空が経営破綻しています。恐らくこれから先も、大手航空会社の経営破綻が出てくるでしょうし、薄い利ざやで飛行機を飛ばしているＬＣＣ（ローコストキャリア）も経営難に追い込まれる恐れがあります。

公共交通機関自体は社会にとって必要なインフラではありますが、オフィスの働き方そのものがオンライン化するため、これまでのようにビジネス客の需要が見込めなくなるのです。

小売業や飲食業、宿泊業が厳しい状況にあることは前述した通りですし、感染拡大が収束したとしても、いきなり消費をもとの水準に戻すことはないでしょう。一部の富裕層にとっては関係のない話ですが、庶民は今回の感染拡大で経済的に苦境に立たされていますから、そう簡単に財布の紐を緩めるとは思えないのです。

紳士服もかなり厳しくなっています。最近は仕事をする際のドレスコードが徐々に緩くなっていましたが、テレワークが普及すれば、それこそジャケットを着る必要さえなくなります。笑い話ですが、下はパジャマでも、上だけきちっとした服装をしておけばビデオ会議で対応できます。ビジネスウェアの需要は減少するでしょう。

伸びるのは「非接触型」ビジネス

他に要らなくなるものとしては、大都市圏の大型ビルです。テレワークの普及に伴って、東京や大阪にある高層ビルに本社を構えて、そこに大勢のスタッフが働くというオフィス環境は、もう時代遅れになっていくでしょう。何よりコストが無駄にかかりすぎます。実際に、本社を東京から移転する会社も出始めています。

これは十分に想定できる未来図ですが、本社ビルを持たず、すべてサイバー空間に本社機能を置いておくということも実現するかも知れません。

東京は再開発によって次々に高層ビルが建てられていますが、これらが負の遺産になる恐れがあります。これまで巨大ビルを中心にその建築・運営に関わってきたデベロッパーや不動産会社は、いずれビジネスモデルの見直しを余儀なくされるはずです。

逆に、ウィズ感染症時代で伸びていくのは「非接触型」ビジネスです。

最も分かりやすい事例としては、ｅコマースが挙げられます。とはいえ、インターネット上で行えるのはモノを選び注文を出すところまでなので、そこから先の物流はリアルのまま残ります。したがって宅配事業は拡大していくでしょう。

ただ、人の手を介した配送業務は変わっていくかも知れません。物流の根幹を担っているトラック輸送が自動運転化されたり、あるいは配送拠点から個々人の家にモノを届けたりする部分が、人ではなくドローンに置き換えられることは十分に考えられます。

コンビニエンスストアの無人化実験に見られるように、人と人がリアルに会って成り立っていたビジネスをオンライン化していく流れも、今後はどんどん増えていきます。工場ですら、オートメーション化が進めば、人は在宅で管理できるようになります。

不動産ビジネスも、内見から購入、ローンの組成に至るまでオンライン化する動きもありますし、あるいは業務効率の一環として、リアルな現場で働く人は必要だけれども、一部にオンラインを活用するハイブリッド型も増えていくでしょう。

たとえば建設現場に5GとＡＩの技術を持ち込むことによって、工事現場の地形などをチェックして、整地のためにダンプで何台分の土砂が必要なのかを計測するといったことも、すでにデジタル技術で可能になっています。

結果、たとえばこれまでは10人がかりで行っていた作業を、３人で行えるというように効率化が進むでしょう。特に工事現場は、高齢化によって作業員の調達が困難になっていただけに、デジタル化による効率化は大歓迎のはずです。

もちろん、すべてのビジネスを非接触・非対面で出来るわけではありません。しかし、本命としては一部をオンライン化して業務効率化を図り、将来、本格的な人口減少社会に入ったとしても生産性を落とさずに済む世の中の実現が、求められています。

ニセ「知的労働者」は低賃金に

今後はあらゆる産業でデジタル化、すなわちＩＴとＡＩが浸透することによって、自動化が進むでしょう。そうなると工場労働者やホワイトカラーの事務職などは、今まで以上に付加価値を生まなくなります。工場労働者は大半が機械に取って代わられますし、単純な事務作業もＡＩによる機械学習が実用化すれば、もはやオフィスにその手の人員を配する必要がなくなります。

その一方、マーケティング、ブランディング、研究開発、ビジネスモデルの構築などは、高い付加価値を生み続けるでしょう。

その結果、肉体労働と知的労働の二極化がいっそう進みます。知的労働で高給を取るか、肉体労働で低賃金に甘んじるかの二択しかなくなり、その中間でほどほどに良い生活が出来る人は、どんどん少なくなっていきます。

しかも、以前は「知的労働」と思われてきたホワイトカラーも、本当の意味で知的労働ではないことが明らかになり、付加価値を失って低賃金に甘んじることになります。なぜなら大半の事務職は、決められたことをひたすら敷衍《ふえん》するだけであり、新たな付加価値を生み出せる知的労働は、ほとんどないからです。

ＡＩはまだまだ先の話と思っている方もいらっしゃるでしょう。でも、ここ数年の間にＡＩは凄まじいばかりの進化を遂げています。

ちなみに囲碁ＡＩの実力は、１９６０年代が38級レベル、１９７０年代が15級レベルとされていたのが、２０００年代後半はアマ３〜４段レベルになり、２０１０年代前半にアマ４〜６段レベル、そして２０１６年にディープマインド社のアルファ碁が世界一のプロ棋士を打ち負かしました。ＡＩは年々、加速度的な進化を遂げているのが分かると思います。

なぜ、ここまで加速度的な進化を遂げてきたのかというと、ＡＩが目を持つようになったからです。

「シンギュラリティ」は2045年より早まる？

従来のＡＩは、目を持っていなかったため、たとえば犬の写真を見せても、それを犬と認識することが出来ませんでした。画像認識の分野では、３歳児程度の能力にも劣っていたのです。

しかし今のＡＩは、目を持つようになったので、「この写真は犬」、「この写真は猫」、「この漫画の主人公は男（女）」と教えれば認識できるようになりました。

それでも物事の判断を教えるタグ付けやラベリングと言われる作業で多大な労力を費やして膨大なデータをインプットしなければならない状況にあります。

ところが、２０２０年８月に米国のグーグルのジェフリー・ヒントン氏が画像認識技術を活用することによって、ＡＩのジャンルで大きな成果を上げました。ＡＩに学ばせるために人が準備するデータが従来の１００分の１でも、人の正答率と遜色ない高精度を実現したのです。

ヒントン氏の研究チームは、人が正解を示したデータをＡＩが学ぶ前に、人を介さずに作ったデータをＡＩ自らが「予習」する機能を新たに組み込みました。予習してから授業に出たほうが短時間で学べるように、ＡＩもインターネット上のデータなどから先に自分で学んでおくことで、人が準備したデータを効率良く学べるようにしたのです。これによってＡＩの進化が加速度的に早まることになるでしょう。

それに加えてマルチモーダルＡＩと呼ばれている、人間らしい理解や判断が出来るＡＩが登場するようになり、今では人間とほぼ同じ聞き取りが出来るところまで来ています。

ＡＩは人間が五感を通じて周囲を理解するように、画像や音声、文書など複数のデータをもとに高度な判断が出来るようになります。機械なのに「察する力」を備えているのです。だから、毎日の対話からちょっとした異変を捉えるなど、会話の内容だけでなく、感情の変化やしぐさも動画で読み取るなど人間に極めて近い感覚を習得できます。これによってＡＩロボットは、人間の五感に近い感覚を身に付けていくでしょう。

「シンギュラリティ」という言葉があります。日本語だと技術的特異点と言って、要するにＡＩの能力が人類のそれを超える域に達することです。それはレイク・カーワイル氏によれば２０４５年と予測されています。

しかし、現時点におけるＡＩの進化のスピードからすれば、シンギュラリティは相当早まるのではないでしょうか。個人的には２０３０年にそうなったとしても、全く不思議ではないという気がしています。

ＡＩが人間の能力を上回っていくなかで、人間がビジネスの一線で活躍し続けるためには、読解力と論理力、分析力を徹底的に鍛えて、スキルを高めていくことが重要です。それさえしっかり続ければ、ＡＩと共存できる人間になれるはずです。決して楽観は出来ませんが、過度に悲観的になる必要はありません。

第6章

地球環境問題とエネルギー政策の転換

IM_photo/Shutterstock.com

地球温暖化で想像を超えるリスクが浮き彫りに

本書では繰り返し、「地球温暖化」の影響について述べてきました。地球温暖化は感染症拡大だけでなく、その他にもさまざまな形で不測の事態を引き起こし、私たちの想像を超えるリスクをもたらす恐れがあります。将来、私たちはどういうリスクと対峙しなければならないのか、それを解決する方法はあるのかといった点について、簡単に付け加えたいと思います。

まず感染症拡大が頻発することのリスクについて。ケッペンの気候区分によると、日本列島は南北に延びていることから、寒帯、亜寒帯、温帯、熱帯というようにさまざまな気候区分に属していますが、概《おおむ》ね温帯に属しています。ところが地球温暖化が進んできたことによって、温帯だったのが熱帯に近い状況に近づきつつあると言われています。

もしこのまま地球温暖化が進めば、大部分が温帯に属していた日本列島の大部分が、徐々に熱帯に浸食されていくことも十分に考えられます。それによってさまざまな影

世界の年平均気温偏差

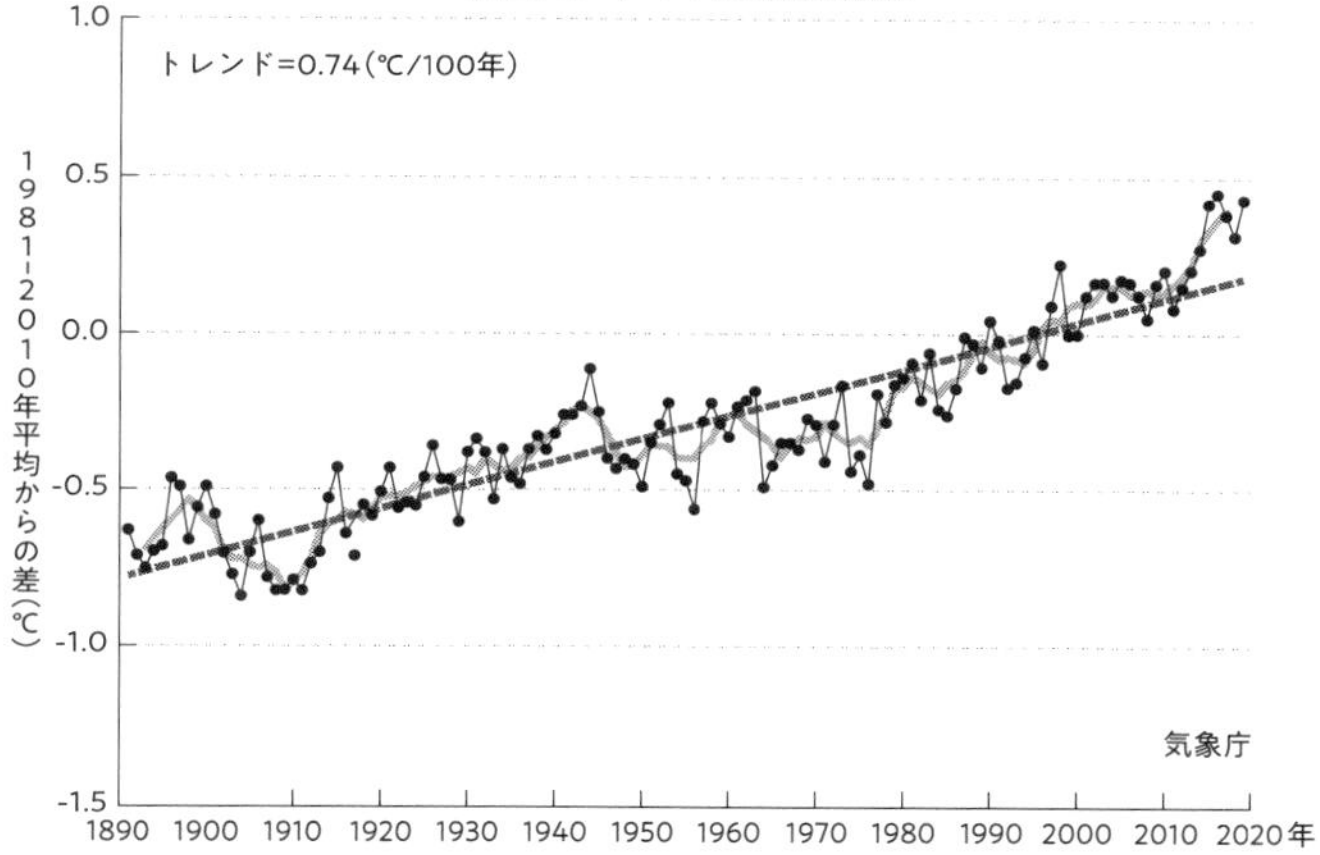

響が想定されますが、こと「感染症」について考えた時、一番気になるのはこれまで熱帯気候に特有だった感染症が日本を襲うリスクです。

第３章でデング熱やジカ熱を媒介する蚊の話をしましたが、この手の蚊は従来、日本の関東地方ではまず見られない種類でした。それが東京の代々木公園に生息していることが判明し、一時は近隣住民を巻き込んで大騒ぎになったのです。

現在、デング熱は約４億人が感染していますが、近い将来、感染者数が10億人を超えるのは既定路線と言われています。１９７０年以前、重症化したデング熱の流行は

9カ国に留まっていましたが、現在は100カ国以上に広がっています。そう遠くない将来、蚊を媒介とした感染症は、日本でも広がる恐れがあります。

地球の気温が全体的に上昇すれば、永久凍土の氷が溶けて未知の感染症が広がるリスクも高まります。地球の気温は実際、どのくらい上昇しているのでしょうか。

気象庁作成の資料によると、陸域と海上を合わせた世界平均地上気温は、2019年時点、過去100年間で0・74度上昇し、産業革命前との平均値の比較では0・85度の上昇となっています。産業革命以来、私たちは石炭や石油といった化石燃料からエネルギーを得て経済を成長させてきましたが、それによって大気中の二酸化炭素濃度は、産業革命以前に比べて40%も増加しました。これが温室効果ガスとなって地球温暖化につながっているわけです。このまま何の温暖化対策も取らずにおけば、21世紀末の世界の平均温度は2・6度から4・8度も上昇すると言われています。

こうなると、私たちの生活を脅かすリスクは、未知のウイルスによる感染拡大だけに止まらなくなります。他にもさまざまなリスク要因が浮上してきます。

台風や水害が〝日常〟になる？

その最たるものが自然災害の発生するリスクが高まることです。

これは恐らく多くの日本人も実感していることだと思います。近年、台風やそれに伴う豪雨、洪水の被害が増えてきました。２０１８年７月の西日本豪雨、２０１９年10月の台風19号・21号、２０２０年７月の豪雨など、近年は毎年のように大規模な水害が起こっています。気象庁のデータによれば、豪雨や洪水の発生確率が飛躍的に高まっています。

日本だけでなく、中国では２０２０年６月初旬から２カ月間にわたって続いた豪雨によって、各地で大洪水が発生しましたし、米国ではハリケーンの大型化や森林火災が大問題になっています。干ばつや熱波に苦しむ国・地域もあります。ちなみに２００３年７月から８月にかけて西ヨーロッパ地域の大半を襲った「ヨーロッパ熱波」では、１５４０年以来の記録的な暑さとなり、７万人以上の死者をもたらしました。

さらには海面上昇の問題も生じてきます。21世紀末には世界の海面が今よりも１・

1メートル上昇するなどと言われていますが、それが現実になったら沿岸部の工業地帯や住宅地は高い堤防でも築かない限り浸水してしまいます。

こうした自然災害が最終的に私たちの生活にどのような影響を及ぼすでしょうか。豪雨や洪水、台風、干ばつ、熱波、森林火災は私たちの生命に直接的な脅威になりますが、それだけでなく、社会混乱や経済悪化のリスクも高めます。

COVID-19の感染拡大は、世界中で経済活動に悪影響を及ぼしましたが、地球温暖化による自然災害が経済活動に及ぼす悪影響も無視できません。猛暑が続けば農業や建設業など外で働く人たちは労働時間を減らさざるを得なくなります。酷暑のなかで働き続けたら、いくら健康な人でも倒れます。宅配業者も外気温が40度を超えるような猛暑だったら、積極的に働くことが出来なくなるでしょう。

こうして経済活動全般が停滞したところで問題点としてクローズアップされてくるのが財政問題です。

COVID-19の感染拡大によって、多くの国は非常事態宣言を出し、経済活動を大幅に制限しました。当然、制限するだけでは人々の生活が成り立たなくなるので、多くの国は補助金、助成金などを大盤振る舞いしたのです。もちろん日本も例外ではありません。

しかし、これも当たり前のことですが、政府が補助金や助成金の大盤振る舞いをすれば、財政状況は悪化します。恐らく今後、COVID-19のような感染症拡大が生じたとしても、同じような巨額の財政出動を伴う非常事態宣言を出せる国は、ほとんどないと思います。出来るとしたら、基軸通貨である米ドルの需要が恒常的にある米国くらいのものでしょう。欧州各国はもちろん出来ないでしょうし、日本も同じです。

日本は毎年のように起こっている勢力が強い台風によって引き起こされる洪水、地滑りなどに加え、南海トラフ地震や首都直下型地震などへの備えとして、国土強靭化の名のもとに巨額の公共事業費を垂れ流しています。このままでは財政危機に直面するのを免れないでしょう。

私自身は、もはや国土強靭化などと称して巨額の公共事業を注ぎ込むことはナンセンスだと思っています。それよりも、実際に自然災害に見舞われた時に人々がどう避難すれば自分の身を守れるのかを周知徹底させるためのシステムを、デジタル技術を活用して構築するべきですし、その方がより多くの人命を救えるはずだということを、特に今の政治家の方々に知ってもらいたいと思います。

エネルギー政策の大転換は不可避

地球温暖化の流れを食い止めるためには、エネルギー政策の大転換を図る必要があります。エネルギー政策を転換させれば、地球温暖化による自然災害のリスクも軽減できるし、本書の中心テーマである感染症リスクも軽減できるはずなのです。

すでに世界は脱石炭・脱石油に向けて動きが加速しています。「石炭」というと、かなり昔のエネルギー源というイメージがありますが、2019年発表のIEA（国際エネルギー機関）の数字を見ても世界中で使われている電気の38・5％は、石炭によって発電されています。ちなみに日本でも石炭による発電は33・2％を占めています。

世界各国の電源構成を見ると、石炭による発電は新興国ほど高い傾向が見られます。

主要国の電源別発電電力量の構成比

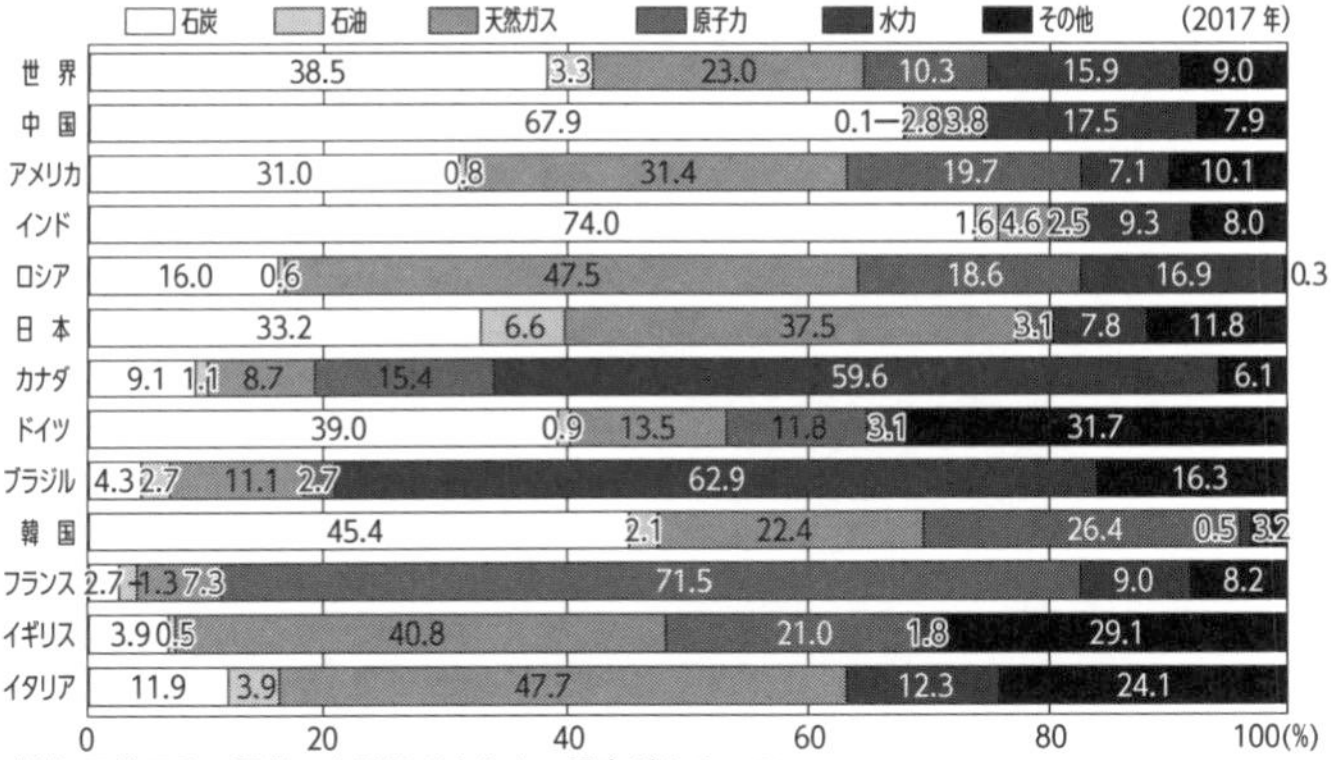

（注）四捨五入の関係で合計値が合わない場合がある。IEA

2017年の調べで中国が67・9%、インドが74%ですが、このまま石炭や石油に電源を依存した状態が今後20年、30年と続けば、地球温暖化はさらに悪化していきます。

インドをはじめとする新興国の大気汚染は極めて深刻な状態にあります。ニューデリーもそうですし、ロシアのモスクワ、中国の上海、ブラジルのリオデジャネイロなど、いずれも大気汚染がひどくなっています。

人類存続の危機に直結している以上、石炭や石油などの化石燃料にこれ以上、電源を依存するわけにはいきません。いずれ石炭の電源構成は、現在の38・5%から20%、

10％というように低下していくでしょう。

脱化石燃料で先頭を走っているのは欧州です。ＥＵはＣＯＶＩＤ‐19の感染拡大が終わり、本格的な経済復興に着手する際には、「グリーンディール」を経済対策の中心に据える方針を打ち出しました。

この政策は、コロナ債と呼ばれるユーロ共同債を発行することによって調達した資金でもって、再生可能エネルギーやクリーンな輸送手段の拡大、ビルの省エネ改修への投資を強化するというものです。まだ幾分、各国間の調整がついていないところもあるようですが、大きな流れとしてはグリーンディールが欧州の主要なアジェンダになっていくはずです。

その結果、欧州では石炭による電源構成比は、現状にも増して低下していくでしょう。ちなみに欧州各国の石炭の電源構成比は２０１７年調べで、フランス２・７％、ドイツ39％、イタリア11・９％、イギリス３・９％、となっています。

米国では、安価な再生可能エネルギーや天然ガスが、エネルギー市場から石炭を追い出すことになるでしょう。米国の石炭による電源構成比は31％で、欧州に比べて高めではありますが、天然ガスは31・4％、再生可能エネルギーは17・2％を占めており、これらの数字が今後上昇傾向をたどっていくものと思われます。

問題は74％も石炭に依存しているインドですが、ようやく最近、脱石炭に舵を切りました。COVID-19の感染拡大によって石炭火力発電所の稼働が低迷した結果、大気が澄み渡り、ヒマラヤ山脈がくっきりと見えるようになりました。これによって大気汚染の改善を実感した住民たちが、脱石炭を声高に主張するようになったのです。

その結果、インド政府は大規模な太陽光発電所の導入を表明し、再生可能エネルギー関連産業に補助金を出す決定を下しました。

新興国も巻き込んだ形で脱石炭・脱石油の流れが確実なものになってきました。石炭や石油という電源の代替として、天然ガスや再生可能エネルギーに対する関心が高まってきています。

注目されるＥＳＧ投資

　現状、地球環境問題は地球温暖化現象を中心にして深刻な状況であり、このままの状態が続けば人類の存続にかかわる問題になります。しかし少なくとも徐々にその流れに歯止めをかけるべく、天然ガスや再生可能エネルギーといった地球にやさしいエネルギー源に切り替えていく動きも見え始めています。そして、その動きを支えるのがＥＳＧ投資です。

　ＥＳＧとはEnvironment（環境）、Social（社会の）、Governance（ガバナンス）の頭文字を取った略語で、企業が長期的に成長していくためには、この３つの観点が必要であり、逆にこれらの観点が薄い企業はリスクが高く、成長が期待できないという考えです。

　そのため投資をする場合は、ＥＳＧの観点を持った企業を選別する必要があります。運用会社は投資先の事業が社会問題の解決にどのくらい貢献したかを、たとえば温暖化ガスや医療費の削減量などさまざまな数値目標を用いて分析し、投資先の企業にもそれらの貢献度合いの計測や目標設定を求めることによって、達成度合いを定期的にチェックしていきます。

近年、世界最大級の運用会社であるブラックロック社がＥＳＧ投資をテーマとするＥＴＦを組成したところ、この１、２年で資金が倍増したという話もあるくらいです。ＥＳＧ投資を軸にして投資先を選別する動きが広まれば、地球温暖化など環境問題に対して意識が低い企業の株式は、株式市場で買われなくなり、いずれ資金調達、人材確保などの点で難航して退場を迫られるようになるでしょう。

ウィズ感染症の時代に向けて、非接触型のビジネスを展開している企業、ＡＩやＩＴを駆使して新しいサービスを開発している企業など、注目されるビジネス分野はたくさんあります。これから先、投資先を選別するうえで考慮すべきことは、地球温暖化をこれ以上加速させないためにＥＳＧの観点をしっかり持っている企業こそが、長期的に企業価値を高め、成長していくということなのです。

最終章

新型コロナ後の投資戦略

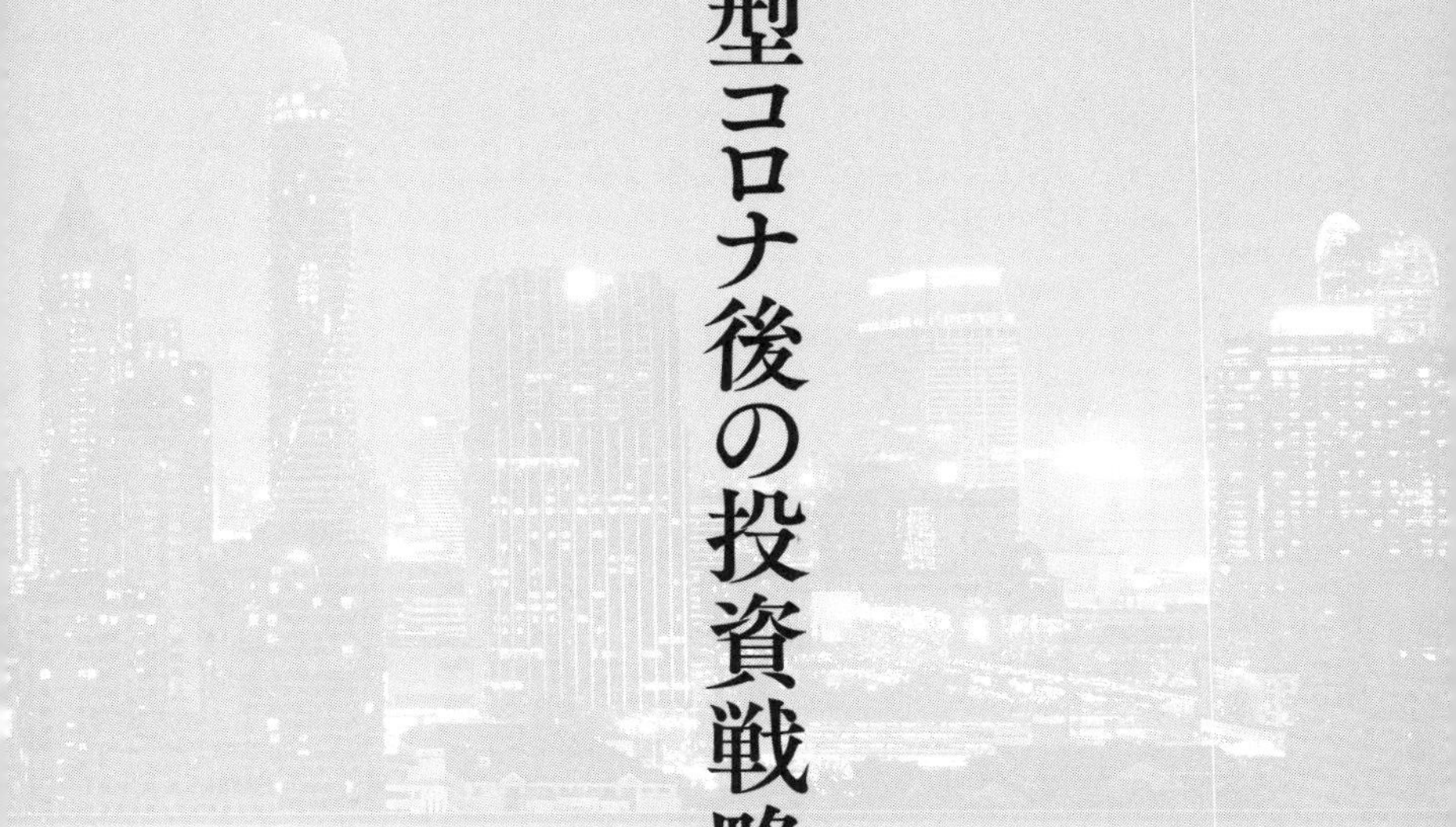

コロナショックは1万年に1度の大暴落？

2020年2月24日、アメリカのニューヨーク・ダウ工業株平均は、前週末比1000ドルを超える下げとなりました。アメリカ株が過去最高値を更新したのが2月12日で、この時のニューヨーク・ダウは終値で2万9568ドルでしたが、その後2月21日まで揉み合い商状が続き、土日を挟んだ2月24日の月曜日に、前述したように前週末比で1000ドルを超える下落となりました。同日の終値は2万7960ドルでした。

しかし、それだけでは下げ止まりませんでした。ニューヨーク・ダウは3月後半に入るまで下げ続け、3月23日には最も安いところで1万8213ドルまで下落。2月12日の最高値から、わずか1カ月と10日の間にニューヨーク・ダウは38・40％も下げたのです。凄まじいばかりの下げ方でした。

コロナショックによる株価の下落がいかに凄いものだったのかを実感するためには、投資家心理を指数化した「米国株式センチメント指数」を見ると分かります。

米国株式センチメント指数 2020年（野村証券試算値）

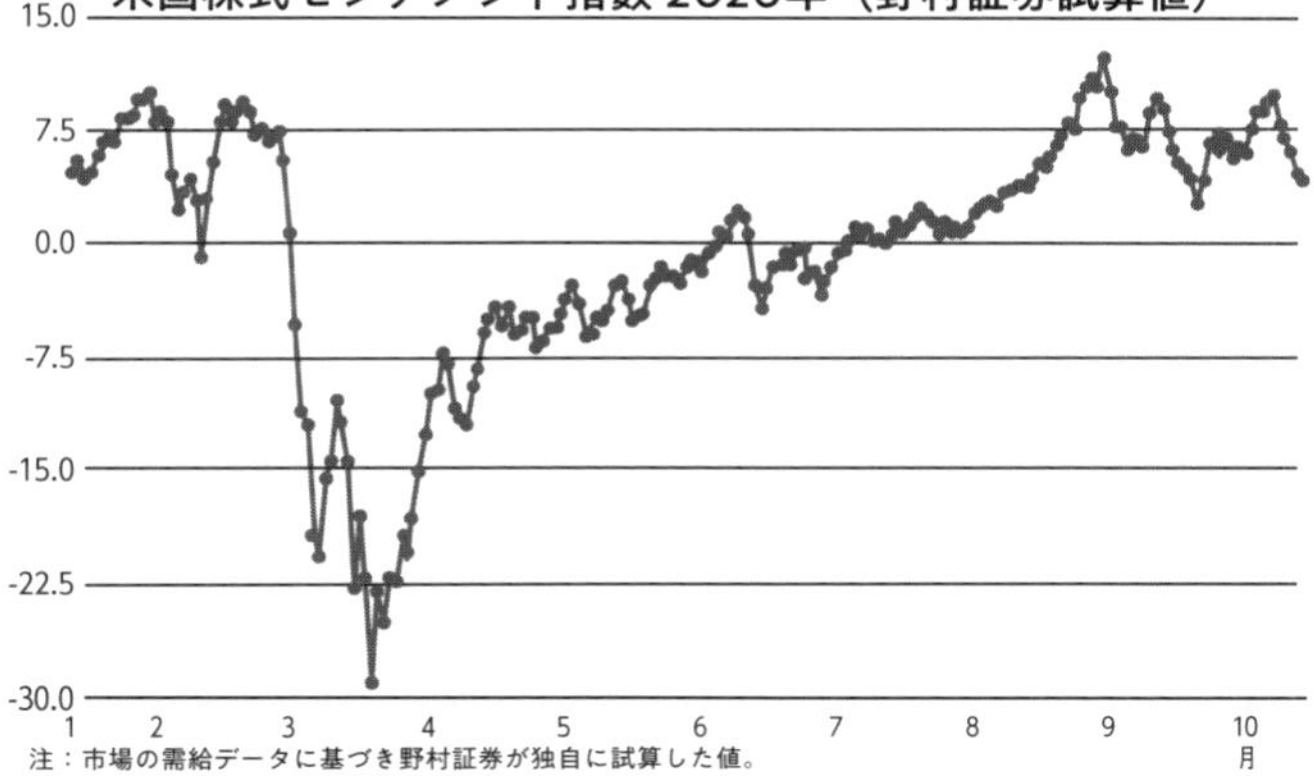

注：市場の需給データに基づき野村証券が独自に試算した値。
出所：各種データより野村証券

米国株式センチメント指数は、「上昇銘柄数－下落銘柄数」「52週高値更新数－52週安値更新数」など7つの市場需給を表す指標を合成し、野村証券が独自で試算しているデータです。

この指数がコロナショックの直後、どのような数字になったのかというと、何と－28・6ポイントでした。

変化幅で言うと－5・2σ（シグマ）です。シグマは確率統計に用いられる単位で、対象は株価でも為替レートでも良いのですが、たとえば±1σの範囲に入る確率は68・27%、±2σの範囲に入る確率は95・45%、±3σの範囲に入る確率は

騰落レシオ

99・73％になります。現在の株価が±３σの範囲内から外れる確率は、１００％−99・73％＝０・27％です。

つまり大半の株価は±３σの範囲内に収まるということです。逆の考え方をすれば、仮に現在の株価が＋３σから外れて上げていれば、その株価はかなり高い水準まで買い上げられているので、いずれ売りが出てきて＋２σの範囲まで下げると考えられます。逆に−３σから外れて下げていれば、その株価はかなり大きく売り込まれているので、いずれ買いが入ってきて−２σまで上昇すると考えられます。

「−５・２σ」というのは、異常に大きく

下げていることを意味します。確率統計上、このような数字が出る確率は「392万分の1」であり、その意味では歴史的な暴落だったと言えるでしょう。よく「100年に1度の……」といった常套句がありますが、その伝で言えば、392万分の1の暴落は「1万年に1度」しか起こり得ないことになります。

あるいは騰落レシオと言って、値上がり銘柄数を値下がり銘柄数で割ることによって市場の過熱感を見る指標は、通常時は80％～120％で推移しています。70％を下回ると売られ過ぎのサインになりますが、3月16日のそれは40・12％まで低下しました。

コロナショックは異例尽くめの株価暴落だったのです。

2000年以降、異例尽くめの株価暴落が頻発

ただし、「米国株式センチメント指数」が−25ポイントを超える暴落となったのは、今回が初めてではありません。たとえば2008年のリーマンショックや、2011

年の米国債ショック、２０１５年のチャイナショックでも、この指数が－25ポイントを超える暴落となりました。つまり、過去12年間で４回も「１万年に１度」の株価暴落が起こったことになります。

確率統計的に起こり得ないことが、株式市場でこれだけ頻発しているのはなぜでしょうか。過去、米国の株式市場を襲った株価暴落を時系列で見てみましょう。

１９８７年……………ブラックマンデー
１９９７年……………アジア通貨危機
１９９８年……………ＬＴＣＭ破綻
２０００年……………ＩＴバブル崩壊
２００７年……………サブプライムショック
２００８年……………リーマンショック
２０１１年……………米国債ショック
２０１５年……………チャイナショック

米国株式センチメント指数（野村証券試算値）

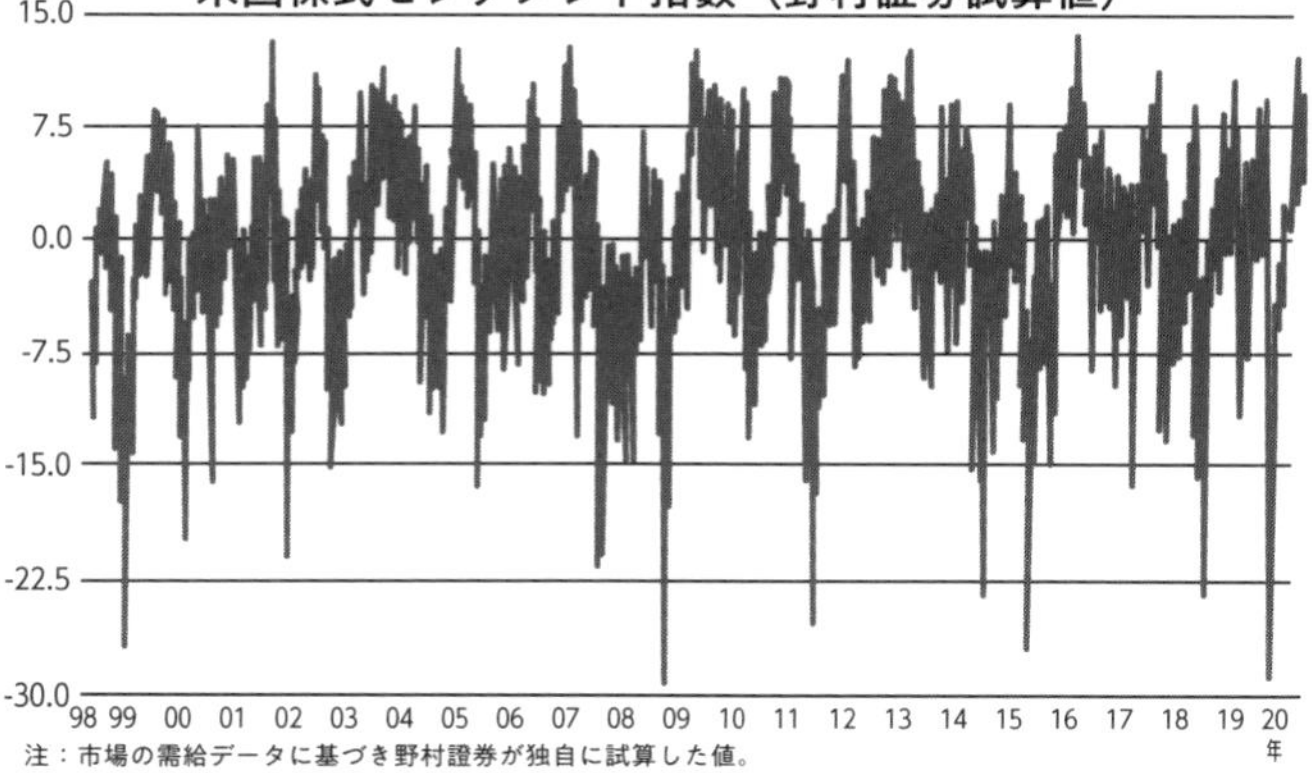

注：市場の需給データに基づき野村證券が独自に試算した値。
出所：各種データより野村証券

２０２０年…………コロナショック

なかには瞬間的に株価が急落した後、比較的早期に株価が回復したため、実体経済に大きな影響を及ぼさずに済んだ株価暴落もありましたが、こうして過去の株価暴落を時系列で見ていくと、暴落から暴落への期間が短くなっていることに気付きます。

１９８７年より前の株価暴落と言えば、有名なところだと１９２９年の「暗黒の木曜日」によるもので、１９２９年10月末のニューヨーク・ダウは３８１・１７ドルまで上昇した後、同年12月にかけて１９８・６９ドルまで約48％も下落しています。そ

の後も、一時的に上昇する場面はありましたが、１９３２年にかけて下げ続け、ついには44・２２ドルまで下落しました。

そこから徐々に回復して、１９７２年11月には１０００ドルを突破しましたが、１９７３年のオイルショックによって再び下げ始め、１９７４年12月には５７７・６０ドルまで下落しました。そしてその後が１９８７年10月のブラックマンデーですから、ブラックマンデー以前は暴落から暴落までの期間がかなり長かったのです。

では、どうして暴落から暴落までの期間が、ここまで短くなってしまったのでしょうか。

恐らくコンピュータの性能向上や通信技術の発展により、プログラムトレードやHFT（高頻度取引）が可能になり、非常に短い時間のなかで非常に大きな金額の取引が繰り返されているからだと思われます。

AIなどによって瞬間的にマーケットの方向性を探知し、上昇トレンドと判断すれば多額の資金で買い、下降トレンドと判断すれば多額の資金で売り浴びせるというトレードが行われるため、マーケットの値動きが荒くなっているのです。その分だけ、コロナショックのような株価暴落が起きやすい環境が醸成されました。

株価暴落の歴史を紐解くと見えてくるの

ですが、恐らく今後、株価暴落が起こる頻度が増えるのと同時に短期化していくはずです。すでに株式に投資している人も、これからという人も、この点は留意しておく必要があるでしょう。

株価暴落はそう遠くないうちに再び起こると断言できます。だからこそ、株価が暴落した時に慌てふためかないようにするためにも、自分が許容できるリスクをしっかり把握し、それを超えない範囲で投資することが大事になってくるのです。

これから起こる周期的な株価暴落に対応する方法

新型コロナの感染拡大によるマーケットの混乱は、これまで安定した運用成績を残していた勝ち組ヘッジファンドをも苦境に追い込みました。

著名投資家のレイ・ダリオ氏が率いる世界最大のヘッジファンド、ブリッジウォーター・アソシエイツの運用成績は、年初来で2割を超えるマイナスを記録しています。同ファンドはリスクを巧みに分散する手法で知られ、２００８年のリーマンショックでもプラスを保ち有名になりました。近年はＡＩを駆使して運用成績を高めていましたが、結論から言えばＡＩ運用は現場を混乱させる要因となっただけで、運用成績の面ではコロナショックに太刀打ちできませんでした。

コンピュータ取引を駆使するルネサンス・テクノロジーズも、運用する米国株ファンドが年初来で２割のマイナスとなりました。ヘッジファンド業界全体ではリーマンショック直後以来の悪化を記録し、リストラと業界再編の嵐が吹き荒れたのです。

１９９８年にＬＴＣＭ（ノーベル経済学賞受賞者らを集め、高度な金融工学を駆使したヘッジファンド）が破綻した時もそうでしたが、結局のところマーケットの前ではどれだけ優れた統計学も、あるいはＡＩも無力だったということです。

では、私たちはこれから起こると思われる周期的な株価の暴落に対して、どのように対処すれば良いのでしょうか。

今回のような歴史的な暴落相場では、ＰＥＲ（株価収益率）といったファンダメンタル指標や、騰落レシオといったテクニカル指標はあまり当てになりません。特に騰落レシオは、これまで想像もしたことがない異常値が出現しました。

私は「歴史的」と名の付く相場では、PBR（株価純資産倍率：PERと同じファンダメンタル指標）が最も適していると考えています。

というのも、日経平均株価のPBRが1年を超えて1・0倍を割り込んだことはないからです。

リーマンショックが起こる前の2008年以降から振り返ってみると、日経平均株価のPBRが1・0倍を下回った時期はいずれも1年未満という短い期間でしかありません。そのなかでも0・9倍を下回った時期（終値で計算）だけを拾ってみると、2009年のリーマンショック期における0・81倍、2012年の欧州債務危機における0・87倍、そして今回の新型コロナショックの0・83倍の3回しかなかったのです。

日経平均株価が2020年3月19日に付けた終値1万6852円のPBRは0・83倍であり、ほんの短い時間ではあるものの、リーマンショック期の終値ベース0・81倍を下回っていました。まさに100年に1度の大暴落と言われたリーマンショック期の最悪時の相場が、PBRのうえでは起こっていたというわけです。

日経平均の株価とPBRの推移

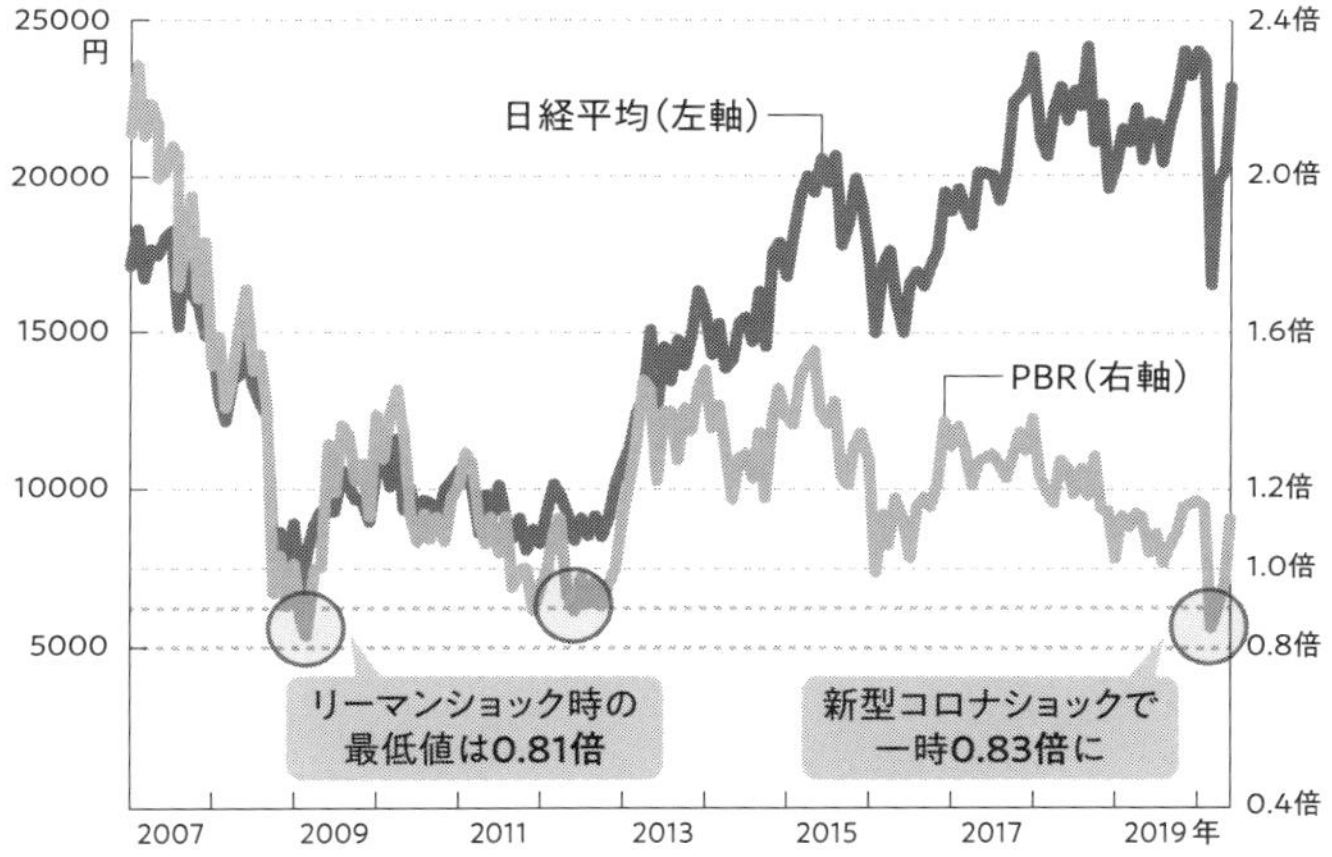

ダイヤモンド・ザイ

ですから当時の私は、２０２０年３月18日に行われたパンローリングの「投資戦略フェア２０２０」および３月19日に開催されたファイナンシャルアカデミーの緊急特別講議（その数日前に収録）において、ＰＢＲが０・８倍前後に当たる今の株価は買いで対応したいと申し上げました。そのためには、目先の株価は無視して、１年後を見据えて買わなければならず、これは、通常の投資家にとって恐怖心との戦いになるとも申し添えました。

また、多くの投資家にこの好機を知ってもらいたいと思い、同じ趣旨の記事を連載や様々な媒体にも掲載してもらいました。

その後の日経平均株価がどうなったかというと、5月9日に終値ベースでＰＢＲ１・０倍を回復し、６月３日には１・１倍を突破するまで買われる展開となりました。

結局のところ、ＰＢＲが１・０倍を下回っていたのは、わずか2カ月あまりだったのです。

今後、同じような暴落相場が起こった時に、ＰＢＲはきっと頼りがいがある指標になることでしょう。

新型コロナ下の相場は今後どう動くか

２０２０年10月末時点の株式市場は新型コロナ下の相場になりますが、その特徴としては景気と株価の乖離が非常に大きいことが挙げられます。たとえば、ＥＵは４〜６月期のＧＤＰが40％減、米国が30％減、そして日本も20％台後半の減少となりました。７〜９月期はそれぞれ回復しているものの、完全に回復したとは言えません。いっぽう株価はすでにコロナ以前の水準に戻って推移しています。

なぜ景気と株価の乖離が大きくなるかというと、各国の政府と中央銀行が財政出動と金融緩和によって株式市場を下支えしているからです。米国FRB（連邦準備銀行）はゼロ金利政策を長期化する方針を打ち出しましたが、これによって米国が利上げに転じるのは、2023年以降になるものと思われます。

このような状況のもと、米国の株式市場ではニューヨーク・ダウやナスダック指数が高値圏で推移していますが、果たして日本株の今後はどうなるでしょうか。

まずCOVID-19の感染拡大の影響については、2つの視点から考える必要があります。それは、米国における新規感染者数の推移とワクチン開発の行方です。

日本株の行方を見るのになぜ米国における新規感染者数の推移とワクチン開発の行方なのか、と疑問に思った方もいらっしゃるでしょう。その答えは明確です。結局のところ、日本株の行方は米国株の行方に強く影響を受けているからです。

実は以前から、米国株と日本株の間に相関関係があったことは周知の通りです。

ただ、2020年2月以降の株価の動きを見ると、それ以前とは違うことに気付きました。それまで日本の株価は、前日のニューヨーク株式市場の動向を反映していました。時差の関係で、前日のニューヨーク株式市場の取引は、日本時間の当日午前6時（サマータイムの時は午前5時）に終わるのですが、その動向を受けて、当日午前9時からスタートする日本の株式市場が動いたのです。両者の連動率はならしてみると70％台になります。つまりニューヨーク株式市場が堅調なら日本の株式市場も70％台の確率で堅調に推移しました。

ところが2020年2月以降の日本の株式市場は、ニューヨーク・ダウ先物取引の値動きと連動するようになりました。私が計算したところ、両者の連動率は90％を超えています。ニューヨーク・ダウ先物取引は日本時間の午前8時45分から午後3時15分、午後4時30分から翌午前5時30分まで取引が行われているのですが、このうち午前8時45分から午後3時15分までのニューヨーク・ダウ先物取引の値動きと、日本の株式市場の値動きが連動するようになったのです。

これだけの連動性の高さを持ちますから、日本株の行方はアメリカ株にかかっていると言っても過言ではないのですが、その米国株の値動きは今後も、米国政府の財政出動とＦＲＢの金融緩和、新規感染者数の推移とワクチン開発の行方に影響を受ける

アメリカの感染者数の推移

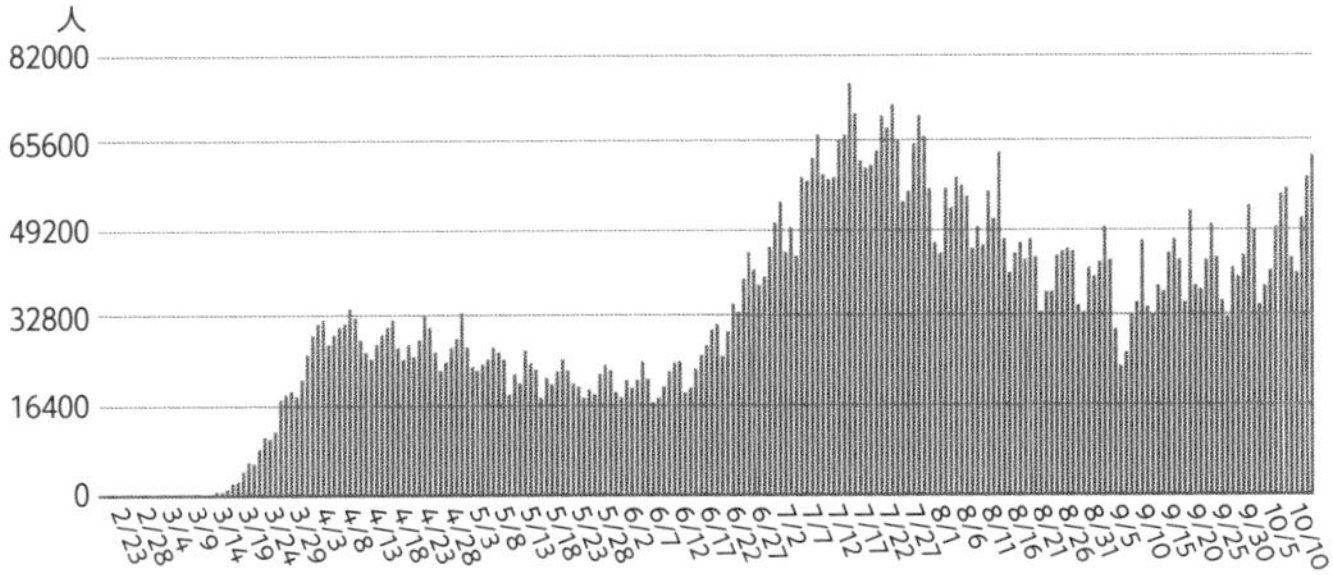

2020年10月15日まで。ジョンズ・ホプキンス大

と考えられます。

新規感染者数の推移については、日々の感染者数の推移だとブレが大きくなりがちなので、私は７日移動平均で見るようにしています。現状、米国における新規感染者数は４月の上旬にかけて急増した後、６月の上旬から中旬にかけて減少したものの、そこから大きく増加して７月下旬にピークを打ち、９月半ば時点で徐々に減少傾向をたどりましたが、10月時点では再び７月下旬のピーク時の水準に迫っています。

ニューヨーク・ダウは３月23日に大底の１万８５９１ドルを付けてから、10月15日時点で２万８４９４ドルまで戻していますが、新規感染者数の推移と株価が連動していないのは、政府の財政出動とＦＲＢの金融緩和が株価をかさ上げしているからです。

そのうえで、新規感染者数の減少が明確にならなければ、株価のさらなる上昇は難しいでしょう。しかし、ワクチンの開発が成功したとなれば、株価は一段高する可能性が高まります。これはもちろん日本株にとっても例外ではありません。

ただ、注意していただきたい点がひとつあります。ワクチンが開発されて通常の経済活動が戻ってくると、ＧＡＦＡ＋Ｍ（グーグル、アップル、フェイスブック、アマゾン、マイクロソフト）のようなＩＴ企業の収益拡大が頭打ちになる恐れが浮上してきます。その時、いわゆるロビンフッダーと称される短期の値上がり益狙いの投資家が、一斉に利益確定の売りに回ることも考えられます。

そのため、ワクチン開発で世界の株価が全体的に上がったところで、ナスダック指数から調整が始まり、株価はそこで一旦、天井を打つ可能性があることを意識しておく必要はあるでしょう。

では、ＣＯＶＩＤ‐19の感染拡大が収束した後の株式市場はどうなるでしょうか。

恐らく景気と株価の乖離は、徐々に収まっていくと思います。そうなった時、前述したワクチン開発に関連した動きとは別に、株式市場が調整局面に入る要素が新たに浮上してきます。

景気と株価の乖離

景気と株価の乖離は、財政出動と金融緩和という2つの大きな政策発動による影響が多分にあります。市中に資金が大量に供給された結果、行き場を失ったマネーが株式市場に流れ込み、過剰流動性相場を形成しています。

それと同時に今の米国株式市場には、ロビンフッダーと呼ばれている若い投資家層が入ってきており、積極的にリスクをとって株式に投資しています。加えてＩＴハイテク企業の自社株買いが史上空前のレベルで増えてきています。

典型的な例としては、アップルが4～6月期に１６０億ドルの自社株買いを行いました。１６０億ドルがどの程度の規模かというと、同じ期間にすべての日本企業が行った自社株買いの総額を上回るほどです。

これらの要因が絡み合って、米国株式は２０２０年10月時点で、底堅い展開をしています。したがって日本株についても、安倍首相の辞任によって一時的な狼狽売りが出たものの、３カ月や半年程度のスパンで見るのであれば、押し目買いをする絶好のチャンスだったと思います。

ただ、実体経済が感染拡大前の状態に戻るには、恐らく5年単位の時間を要すると考えています。ここで改めて考えていただきたいのは、２００８年に起こったリーマンショックです。米国の個人消費がリーマンショック前の水準に戻るまでに要した時間が、５年前後です。

そのため現時点では、ロビンフッダーによる積極的な投資や旺盛な自社株買いによって上昇している株価ではありますが、どこかの時点で実体経済に見合う水準にまで調整すると考えられます。結果、景気と株価の乖離は修正されるでしょう。

また中長期的に見れば、財政出動と金融緩和の副作用が懸念されます。もちろん米国は基軸通貨国ですから、積極的な財政出動と超金融緩和の合わせ技をある程度、維持し続けることは可能です。また日本も、１９００兆円という莫大な個人金融資産と、企業の２８３兆円にも達する現預金、そして３６４兆円もの世界一の対外債権がありますから、目先で財政出動と金融緩和の副作用が顕在化するリスクは低いでしょう。

しかし、10年スパンで考えると、このような野放図な財政出動によって財政赤字を積み重ねれば、いかに基軸通貨国の米国であろうと、また世界一の債権大国の日本であろうとも、財政危機に直面するリスクは不可避です。もし、財政危機が顕在化すれば、株価は大暴落に転じます。常々、言われていることではありますが、米国も日本も、どこの段階で財政規律を取り戻していくのかが、長期的な株価上昇を支えるうえで重要なポイントになるでしょう。

これからの投資戦略

本章の最後に、より具体的な投資戦略について考えてみたいと思います。

まず日経２２５平均株価は、基本的にボックス圏で推移すると考えています。１万

９０００円から2万４０００円の間で推移するのではないでしょうか。

この場合、下値をコロナショック時の1万６０００円で見るのか、あるいは5年のチャートで見た場合に現れるボックス圏の下値である1万９０００円で見るのかを考える必要があるのですが、私は1万６０００円がイレギュラーな水準だと考えていますので、1万９０００円を下値として見ています。

一方、上値は2万４０００円と見ています。それは、過去のチャートを見れば一目瞭然です。２０１８年1月、２０１８年10月、そして２０２０年1月というように、2万４０００円を少し超えた水準でトリプルトップを形成しているのですが、ここをなかなか抜けずに現在に至っています。つまり日経２２５平均株価の2万４０００円を超えて上昇するのは、なかなか大変だと考えています。

したがって当面、2万４０００円を高値として考えれば良いと思います。ＥＴＦで売買するのであれば、1万９０００円と2万４０００円の中間値である2万１５００円より下に調整する局面では3段階くらいに分けて買い、2万１５００円を超えて上昇する局面で同じく3段階くらいに分けて利食い売りをします。さらに積極的に利益を追求したいという場合は、２万４０００円近辺で信用売りを仕掛け、ある程度下げたところで買い戻すという戦略を組み合わせるという手もあります。

ただし、ＦＲＢが無制限の金融緩和を行っている段階ですから、このままだと円高が進んでしまうことも考えられます。そのため、日本銀行がさらなる金融緩和に踏み切った時、株式市場は金融相場になり、想定外に株価が値上がりすることも考えられますので、２万４０００円に到達した後の信用売りについては、日本銀行の動きを見ながら慎重に対処する必要があるでしょう。

個別銘柄の考え方

次に個別銘柄投資のポイントについて考えてみたいと思います。

２０２０年３月に株価が急落したところは、大きな買いのチャンスでした。実際に先に取り上げたパンローリングとファイナンシャルアカデミーのセミナーでも、個別株については、テレワーク関連、ｅコマース関連、５Ｇ関連、巣ごもり消費関連などを買うように申し上げました。その後、銘柄によっては急落後、ほんの数カ月間で切り返して高値を更新しているものもありますし、それこそ株価が3倍、4倍、5倍になった銘柄もありました。その意味では、2020年3月から10月くらいの株式市場は、なかなか経験できないとてもおいしい相場だったと言うことが出来ます。これは国内株式市場だけではなく、米国の株式市場も同じです。

恐らく当面、このようなおいしい相場は来ないでしょう。その意味では、これから先の個別銘柄投資は、難易度が格段に高まったと考えられます。事実、2020年10月時点でコロナ関連銘柄ともいうべき、たとえばテレワーク関連、5G関連、eコマース関連、巣ごもり消費関連といった株価は年初に比べて非常に高い水準にあります。これらの個別銘柄の株価が今後さらに伸びていくのか、それとも大幅な調整を強いられるのか、この原稿を書いている2020年10月時点ではまだ見えて来ないのですが、恐らくコロナ関連銘柄と言われているもののなかでも、今後は業績による二極化が進むと見ています。

期待先行で買われたものが多いので、正直、コロナ関連銘柄については、業績がマーケットの期待を大きく超えるものでない限り、継続的な上昇は望めないと考えています。

これからの株式市場は、二極化が重層的に進むでしょう。コロナ禍の影響をほとんど受けずに済む勝ち組業種のなかで、さらに業績次第で勝ち組企業と負け組企業が出てきます。逆にコロナ禍の影響をモロに受けた負け組業種のなかで、ビジネスモデルの再構築によって蘇る勝ち組企業と、さらに沈む負け組企業が出てくるのです。

負け組業種の代表的なところと言えば、インバウンド関連や飲食業、観光業、小売業が真っ先に浮かんできます。たとえば飲食業の場合、店舗を構えてお客さんが来るのをただひたすら待っているようなところは、負け組のなかの負け組になっていきます。でも、テイクアウトや出前などの比率を高めることが出来る企業は、全体から見れば厳しい状況であることに変わりはなくても、コロナ禍のなかで生き残れる可能性は大いに高まります。

こうしたなか、個別銘柄についてはどのような投資戦略を考える必要があるのか？

やはり実体経済が感染拡大前の水準まで戻るには、前述したように5年程度の時間を必要とするでしょう。それを前提にしたうえで、二極化のなかでの勝ち組企業を見つけていく必要があります。

コロナ下において勝ち組として注目されてきたテレワーク関連、eコマース関連、巣ごもり消費関連といった業種の他にも、これから先の新しい視点として、デフレに強い業種や企業、あるいは社会の変化に対して柔軟に対応していける企業という2つの要素が極めて重要になると考えています。

一次情報に多く当たれ

あとは情報収集が投資を成功させるうえで重要な鍵を握っています。

情報収集というと投資情報誌、あるいは投資関連サイトなどに掲載されている投資情報を当てにしてしまいがちです。インターネットの投資関連サイトはまだ速報性という点では評価できますが、情報源として致命的なのは紙媒体です。雑誌にしても何でもそうですが、書店に並ぶ頃にはもう古い情報になってしまっています。昨今のように変化が目まぐるしいなかでは、この手の紙媒体に掲載されている情報はほとんど無意味と言っても良いでしょう。

実際、今回のコロナ禍で高いパフォーマンスを上げた企業に関する紙媒体の情報を見てみると、コロナショックで最も相場が過酷だった3月時点であまり良いことが書かれていなかった企業が多いのです。これは記事にするため取材をして書いている時点と、書店に並んで皆さんが手に取って読むまでの間に、1~2カ月という決定的なタイムラグが存在するからです。

加えてコロナショック以降の相場は、過去の経験則が全く通用しない状態になっています。

たとえば米国の某著名投資家が「4月は過去10年で何勝何敗である。5月は何勝何敗である。一番買うのに良いのはこの月だ」といった話をよくしていますが、これは確率論に則《のっと》ったものです。では、その確率論が今回のコロナ禍で機能したでしょうか。

実はしていません。「Sell in May」という言葉があるように、株価は5月近辺に高値を付ける確率が高いので、「株は5月に売れ」と言われますが、２０２０年の相場に関して言えば、これが通用しませんでした。

あるいは通常であれば8月は株価が下がると考えられますが、２０２０年の8月相場は日米ともに上昇相場でした。今までは確率論で勝てるケースが多かったのに、これからはそれが通用しなくなると思うのです。

だからこそ、投資で勝つための最終的な武器は何かというと、「自分で思考する力」になります。

そのうえで頼るべき情報源は、情報誌の類ではなくＩＲです。ＩＲとはInvestor Relationsの略で、企業が株主や投資家に対して経営状況や財務状況、現在の業績ならびに今後の業績見通しなどを広報する活動のことです。

投資している企業、あるいはこれから投資しようと考えている企業に電話をして「投資家ですが、御社のＩＲに聞きたいことがあるので繋いでください」と言えば、どの企業も株主はとても大事なので、すぐに繋いでくれます。もし、その企業について知りたいこと、分からないことがあったら、すぐにＩＲに電話をしましょう。そうすれば、多くの場合、丁寧に答えてくれます。

企業のＩＲ担当者からもたらされる情報は、いわゆる「一次情報」です。基本的にフィルターを介していない生の情報ですから、それをベースにして自分でいろいろ思考を巡らせて、その企業の株式は投資するに値するかどうかを判断しなければなりません。

だからこそ自分の頭で理解できるものだけに投資することが大切です。これは投資の神様であるウォーレン・バフェット氏も言っていることですが、自分で理解できないビジネスモデルの企業に投資すると、経営リスクなどが分からなくなるばかりか、失敗した時に「なぜ失敗したのか」という教訓が得られなくなってしまいます。

こればかりは試行錯誤を繰り返すなかで見えるようになってくるわけですが、とにかく一次情報にたくさん当たることです。そこから自分で考え、投資判断を下すということを繰り返すことによって、株式投資は成功に一歩ずつ近づいていくのです。

おわりに

本書は、編集者と直接対面することなく、すべての作業を終わらせました。

パンデミックが起こって緊急事態宣言が発令された直後に編集者から連絡をもらい、電話やメール、ビデオ会議で打ち合わせを重ねて完成させました。

ビデオ会議は初めての経験でしたが、当初から苦労もなく進めることが出来ました。

わざわざ何度も編集者に足を運んでもらうより、遥かに効率的に作業が進められたと思います。


２０２０年の初めにダイヤモンド・プリンセス号の騒動をテレビで見ている時は、まさに「対岸の火事」でしたね。しかしあれよあれよという間に感染は世界に広がり、学校は休校になり、緊急事態宣言が発令され、たちまち不自由な世の中になってしまいました。

あれから10カ月以上が経ち、政府は「Ｇｏ Ｔｏキャンペーン」の旗を振るまでになりましたが、まだまだ感染は収束したわけではなく、予断を許しません。
恐らく、このような状態はこの先も続くのだと思います。ワクチンに過度な期待はしない方が良いでしょう。仮に新型コロナが収束したとしても、また新たな感染症が短いスパンで襲ってくる可能性は高いのです。

しかし世界中が交流する時代の流れを止めることは出来ません。今さら鎖国して生きていけるわけがない以上、我々は、感染症とともに生きていく社会を受け入れるしかないのです。

口角泡を飛ばして議論すること、挨拶がわりに抱きしめ合うこと、肩を寄せ合って大声で歌うこと。そんな人類の基本的な喜びがなかなか味わえなくなったことは悲しいことです。

しかし我々は、遥か遠方の人と、リアルタイムで対話したり、世界中の大勢の人と同時に歌を歌ったり、演奏をしたりすることも出来ます。これはかつての社会にはなかった喜びです。仕事をリモートで完結できれば、大切な家族との時間を長く持つことも出来ます。

時代は変わっていきます。いいことばかりではありません。

しかし、前を向いて、歩いていこうではありませんか。

新しい時代が、待っているのです。

中原圭介

[著者]

中原圭介（なかはら・けいすけ）

1970年、茨城県生まれ。慶應義塾大学卒業後、金融機関や官公庁を経て、現在は経営・金融のコンサルティング会社「アセットベストパートナーズ株式会社」の経営アドバイザー・経済アナリストとして活動。大手企業・金融機関への助言・提案を行う傍ら、執筆・セミナーなどで経営教育・経済教育の普及に努めている。「総合科学研究機構」の特任研究員、ファイナンシャルアカデミーの特別講師も兼ねる。近著に『AI×人口減少』（東洋経済新報社）、『日本の国難』（講談社現代新書）などがある。ヤフーで「経済の視点から日本の将来を考える」、マネー現代（現代ビジネス）で「経済ニュースの正しい読み方」を好評連載中。

疫病と投資

——歴史から読み解くパンデミックと経済の未来

2020年12月1日　第1刷発行

著　者——中原圭介

発行所——ダイヤモンド社

〒150-8409　東京都渋谷区神宮前6-12-17

https://www.diamond.co.jp/

電話／03･5778･7233（編集）　03･5778･7240（販売）

構成————鈴木雅光

装丁･本文デザイン——玉造能之（次葉）

DTP————スタンドオフ

校正————鷗来堂

製作進行——ダイヤモンド・グラフィック社

印刷————信毎書籍印刷（本文）・新藤慶昌堂（カバー）

製本————ブックアート

編集担当——亀井史夫

ISBN 978-4-478-11184-0